LE PRISONNIER

EN RUSSIE.

LE
PRISONNIER
EN RUSSIE.

A PARIS,

Chez MARADAN, Libraire, rue des Grands-
Augustins, n°. 9.

1815.

LE PRISONNIER EN RUSSIE.

LETTRE PREMIERE.

Alfred de M***. à sa mère.

D'un village à 9 lieues de Moskou, le 12 septembre 1812.

MA bonne mère, voici la première lettre que j'aie pu vous écrire depuis la bataille de la Moskowa. Combien je souffre en pensant qu'elle sera précédée de quelques jours par la relation officielle de cette sanglante journée ! Que d'inquiétudes pour vous ! Que ne puis-je hâter l'arrivée de cette lettre qui doit les calmer ! Rassurez-vous, ma mère, ma sœur, vous tous que j'aime si tendrement, rassurez-vous, Dieu m'a protégé dans les dangers que nous avons courus. Je ne suis que très-légèrement blessé à l'épaule. Ne croyez pas que je cherche à vous rassurer en vous trompant, ma blessure n'est rien, et ne m'est douloureuse que par l'inquiétude qu'elle pourrait vous causer.

Le 6 septembre au soir mon détachement rejoignit l'armée; nous étions en face des positions que l'ennemi occupait, et qu'il semblait déterminé à défendre. Devant nous une ligne immense de feux de bivouac brillait dans la nuit et le lointain. Tout présageait que le jour éclairerait une grande bataille. Je contemplais en silence ce spectacle nouveau pour moi. Mille sentimens m'agitaient tour à tour. Une heure avant la vue de notre armée, des préparatifs tumultueux d'un combat, avaient fait battre mon cœur d'impatience et de courage. Maintenant le silence régnait parmi tant de milliers d'hommes qui n'attendaient que le jour pour s'égorger. Ce calme imposant et terrible avait dissipé l'ivresse qui m'animait. Mon cœur était ramené à des sentimens moins exaltés:

« Demain, me disais-je, le sang de ces
» deux peuples coulera par torrens; de-
» main la valeur française fixera la vic-
» toire, mais combien ce triomphe coû-
» tera de victimes, que de mères pleure-
» ront! et quel sera le fruit de cette san-
» glante catastrophe? D'un côté la ruine
» d'une nation, de l'autre la gloire d'un
» homme »!

Je ne cacherai point à ma mère ce que j'éprouvais à la vue des dangers qui m'attendaient. Pouvais-je ne pas regretter une vie que la tendresse de ceux que j'aime a rendue si heureuse; pouvais-je ne pas penser à vous, ma bonne mère, qui sûrement auriez de vives alarmes, peut-être de cruels regrets? Oui, je serai brave, me disais-je; mais mon courage ne sera pas le mépris de la vie. Je braverai le péril, mais par honneur, par le sentiment de mes devoirs.

Eugène de C***, mon meilleur ami, était auprès de moi; nous nous promettions réciproquement d'écrire à nos familles si l'un de nous deux succombait. Dieu soit loué ! Eugène n'a pas été blessé, et je ne le suis que légèrement. Après ce triste engagement, nous nous couchâmes en attendant le jour de notre premier combat.

Au lever du soleil je dormais encore enveloppé dans mon manteau. Je fus éveillé par le premier coup de canon. Le régiment sonnait à cheval, nous partîmes, et je commençai à connaître le danger.

Le canon grondait sur toute la ligne, les cris de nos soldats avaient salué ce jour de gloire, et l'on eût pu connaître à ces transports que le sort de la bataille n'était pas douteux. Dès le matin mon régiment se couvrit de gloire, une charge brillante le rendit maître de quelques pièces ennemies, et j'eus le bonheur de fixer l'attention de mon colonel. Pendant douze heures nous restâmes exposés à un feu continuel. Vers le soir je fus envoyé en tirailleur avec ma compagnie. Nous étions opposés à un régiment de lanciers russes, la mort pleuvait de tous côtés. J'étais à quelque distance d'Eugène, au milieu du tumulte des armes et du sifflement des balles; j'avais constamment les yeux fixés sur mon ami que j'apercevais à travers la fumée. Élevés ensemble, le plus tendre attachement nous unit; aujourd'hui que nous combattons tous deux pour la première fois, son péril m'occupe autant que le mien.

Dans ce moment notre colonel parcourait les rangs de ses tirailleurs, sa présence avait redoublé le courage de nos hussards; le cri de guerre des Français, ces mots : « en avant, en avant »! retentissaient sur toute la ligne. Je mêlai ma voix à celles de mes braves compagnons d'armes, et, pour leur montrer l'exemple, je m'élançai le premier. Tout à coup je me vois entouré, séparé de ma compagnie; deux lanciers ennemis m'attaquent avec fureur, mon cheval est renversé, au même instant un coup de lance me perce l'épaule. C'en était fait de moi si l'attachement de mes soldats ne m'eût sauvé. Je m'étais débarrassé de mes étriers: debout, le sabre à la main, au milieu des deux cavaliers, je soutins, pendant quelques secondes, cette lutte inégale. Mais mon sang coulait, mes forces m'abandonnaient, j'étais perdu. Une voix menaçante se fait entendre, c'est celle de Thierry, du plus brave hussard de ma compagnie : en un instant l'intrépide Thierry m'a dégagé ; il s'approche de moi, je remercie mon généreux défenseur, et, m'appuyant sur lui, je parviens jusqu'au régiment, où le colonel me fait donner de prompts secours.

Pendant ce temps la victoire se décidait, tout cédait à notre impétuosité ; j'appris le soir, que l'ennemi était forcé dans toutes ses positions, et que nous marchions sur Moskou. Que j'étais fier d'être Français ! combien, dans cette journée, j'avais admiré le courage de notre nation. Qu'elle est noble la bravoure de nos soldats ! chez eux ce n'est pas le servile effet de la discipline. L'officier français, quand il s'agit d'aborder l'ennemi, n'a pas besoin d'animer l'audace de sa troupe ; qu'il marche, il sera suivi : chaque soldat a son courage individuel ; l'honneur, ce mobile de toutes ses actions, lui fait affronter les plus grands dangers. Oui, je suis digne d'être Français, puisque je suis si fier de l'être, c'est ce juste orgueil de nous-mêmes qui nous a rendus capables de tout ce que nous avons fait de grand.

Le lendemain, je suivis l'armée, le colonel m'avait fait mettre dans sa voiture ; tous les soins m'étaient prodigués, mais combien de malheureux en étaient privés ! J'oubliais l'éclat de la victoire de la veille, j'oubliais mes propres souffrances, tout autre sentiment cédait à l'horreur que m'inspirait le spectacle qui s'offrait à mes yeux. Un immense couvent était près de la route de Mozaïsk, tout l'intérieur était plein de blessés; mais, quelque vaste que fût ce local, il n'avait pu suffire à leur nombre, et l'on avait rangé ces victimes infortunées autour des murs extérieurs du couvent, d'où leurs voix mourantes imploraient l'impuissante pitié des passans; et, pendant ce temps, l'armée poursuivait sa conquête; nous marchions sur Moskou, et ceux qui de leur sang avaient payé notre gloire, ceux qui ne pouvaient plus combattre, et qui n'avaient plus qu'à souffrir, on les abandonnait, sans vivres, sans secours, sans espoir!... Je me tais, ma bonne mère, les réflexions que je ferais, vous les ferez sûrement aussi; je compte pour rien les dangers auxquels on nous expose, mais comment ne pas être ému de l'ingratitude qui paie notre dévouement.

Cette lettre vous parviendra par une voie sûre, aussi m'y suis-je expliqué un peu franchement; mon cousin Louis part d'ici pour l'armée d'Espagne, et se charge de vous la remettre. Adieu, essayez de m'écrire malgré la grande distance, quelques lettres arrivent à l'armée.

LETTRE II.

Alfred de M***. à sa mère.

D'un faubourg de Moskou, le 15 septembre 1812.

Nous voici devant la capitale des czars, est-ce un rêve? Je ne puis encore me persuader la réalité de ce que je vois. Cette guerre, qui jusqu'à ce jour semble devoir finir d'un manière si brillante, est-elle le fruit de la plus sublime conception, est-elle le résultat des plus gigantesques idées? Une partie de l'armée est déjà entrée dans la ville, précédée par la cavalerie du roi de Naples. Je me suis arrêté dans un faubourg où l'infanterie reste jusqu'à demain. Je suis dans ce moment à la fenêtre d'une petite maison de bois, d'où je découvre presque toute la ville. Quelle vaste et magnifique cité! Le soleil couchant, qui dans ce moment éclaire cette multitude de clochers dorés, et d'une forme orientale et bizarre, ajoute encore à la beauté de ce spectacle. Et bientôt cette ville superbe recevra dans son sein une armée victorieuse, dont la patrie est à sept cents lieues d'elle ! Qui peut avoir mis en rapport deux peuples séparés par une aussi immense distance ? que sommes-nous venus chercher ici ? On n'ose s'abandonner à ses réflexions.

De la chambre où j'écris, j'entends la voix de nos soldats ravis d'avoir atteint le but de leurs travaux. Ils croient que l'abondance va bientôt succéder à la plus affreuse misère. Depuis la Vistule, l'armée a éprouvé les plus cruelles privations; il a fallu traverser un pays dont le peu de ressources avait été anéanti par les habitans. De longues fatigues ont épuisé nos soldats; mais que Dieu soit loué, ils en ont atteint le terme, leur courage mérite une récompense, et cette ville immense verra la fin de leurs souffrances.

A 8 heures du soir.

J'avais interrompu ma lettre; tout à l'heure encore, l'espoir de voir cesser nos maux m'avait rassuré. Mais quelle est maintenant ma consternation, quelle est celle de notre malheureuse armée! Moskou, cette ville dont nous espérions notre salut, est maintenant la proie des flammes; depuis une heure, un horrible incendie vient d'éclater dans tous les quartiers de la ville. Le soleil est couché, la nuit vient encore ajouter à cet affreux spectacle. A mesure que le jour disparaît, il est remplacé par l'éclat terrible des flammes dont la violence augmente toujours. Je suis à près d'un demi quart de lieue du foyer de l'incendie, cependant sa lumière suffit pour éclairer mon papier, et ces lignes ont été tracées à la lueur des flammes de Moskou!

Dieu! quel événement! dans quelle situation il jette notre malheureuse armée! Plus de ressources contre la faim, plus d'abri contre l'hiver, dont nous éprouverons bientôt les effets. A la lueur des flammes, j'aperçois quelques soldats français, muets spectateurs de ce triste tableau : toutes leurs espérances sont détruites, il se présente à leur pensée un avenir plus pénible encore que le passé. Et les flammes augmentent toujours, le ciel paraît embrasé, demain toute la ville sera en cendres !

Moskou, le 16 septembre à midi.

Ce matin je voulus entrer dans la ville pour avoir du moins une idée de ce qu'elle était quelques heures auparavant, si on en pouvait juger par le peu de maisons qui ne brûlaient pas encore. Ma blessure me permet de marcher ; aidé du brave Thierry qui ne me quitte plus, je suivis la foule qui se portait vers le pont. Je vis défiler devant moi une partie de notre infanterie ; je voyais ces Français, ces vainqueurs du monde, la plupart à peine sortis de l'enfance, tous défaits par les fatigues et les privations. Leurs forces étaient épuisées, leur courage leur en avait tenu lieu pour les amener jusqu'ici. Je déplorais le sort de cette noble et brave nation mise à une si cruelle épreuve. Je déplorais l'abus qu'on avait fait de ses belles qualités, en pensant au prix qui était réservé à son généreux dévouement. Je passai le pont, je traversai quelques rues où la flamme n'avait pas encore pénétré, mais à chaque pas je la voyais éclater sur de nouveaux points.

Le soldat, avec l'imprévoyance de l'enfance, avait oublié l'avenir. L'attrait du pillage l'occupait seul en ce moment, et la fureur avec laquelle il affrontait l'incendie pour lui disputer sa proie, mettait le comble à cette scène d'horreur (1). Quelques habitans de la dernière classe, erraient parmi nos soldats; les uns pour garantir leurs possessions, les autres pour partager le fruit du pillage. Je regardais avec douleur la destruction de cette superbe ville, la ruine de ces magnifiques palais. Combien j'admirais le patriotisme qui ordonnait à leurs maîtres ce pénible sacrifice, combien je les plaignais en voyant s'écrouler ces murs antiques auxquels se rattachaient toutes leurs idées religieuses, tous les souvenirs de leur vie, et de la gloire de leur nation ! Je me figurais quelle serait votre douleur, ma bonne mère, quelle serait la mienne, si un dévouement semblable nous ordonnait de brûler cet hôtel où vous êtes née, où je le suis aussi, et dont chaque point vous retrace des souvenirs d'épouse et de mère.

Louis a retardé son voyage de quelques jours, mais il part décidément demain, cette lettre vous parviendra donc par la même voie que la première; j'ai cru qu'il serait imprudent de la confier à la poste; je n'ai pu m'empêcher de faire les tristes réflexions qu'elle contient, mais dorénavant je ne vous parlerai plus que de ce qui me sera personnel. Adieu, combien j'éprouve de peine en pensant que le retard, apporté au départ de mon cousin, va prolonger encore vos inquiétudes !

LETTRE III.

Alfred de M***, à Adelaïde, sa sœur.

Moskou, le 9 octobre 1812.

Adelaïde, mon aimable sœur, c'est à vous que je veux écrire aujourd'hui. Combien je dois vous remercier de la lettre que j'ai reçue de vous à Wilna! Nous avions eu, pour arriver dans cette ville, une journée terrible; une pluie froide et continuelle avait coûté beaucoup de monde à l'armée; un grand nombre de Français avait déjà péri dans les boues, et, quand j'arrivai devant la ville, mon âme commençait à s'ouvrir à de tristes pressentimens, à de douloureuses réflexions. Votre lettre, ma sœur, les a tous dissipés; quel contraste les sentimens que vous m'exprimiez, et les pensées qui me reportaient vers ma famille, ne faisaient-ils pas avec ce que me faisait éprouver la première vue de tous les maux de la guerre, et du fatal début de cette lointaine compagne! Aujourd'hui, ma sœur, je sens encore le besoin de m'occuper de vous; l'aspect de cette ville incendiée, de ces palais renversés, de tant de milliers d'habitans privés d'asile, certaine inquiétude vague, dont je ne puis me défendre, tout fait naître en moi le désir de détourner les yeux des tristes objets qui m'environnent, pour les reporter vers ma chère patrie. Je dois cependant remercier le ciel de m'avoir conduit ici, deux êtres bien à plaindre, dont le hasard m'a rendu le protecteur, me font oublier, s'il est possible, les désastres de cette guerre, par l'intérêt que leur sort inspire. Écoutez, ma sœur, le récit de l'événement qui me les a fait connaître, je veux que vous les aimiez aussi.

Il y a trois semaines, passant avec Thierry dans une rue de Moskou, je m'arrêtai devant un palais superbe que le feu achevait de consumer. Un petit pavillon, qui en dépendait, restait seul sans en avoir été atteint : au moment où la charpente s'écroula, le vent porta quelques charbons enflammés sur le toit du pavillon, et dans quelques minutes la flamme allait s'y communiquer. L'insouciance du soldat, en général, est telle, qu'il aurait pu en passer un grand nombre sans qu'aucun fît le plus léger effort pour préserver ce frêle bâtiment. Entraîné par un mouvement de bienfaisance, je voulus profiter de l'occasion que le hasard m'offrait, et je parvins, en rassemblant quelques soldats, à arrêter les progrès de l'incendie. Je regardais avec plaisir le petit pavillon qui me devait sa conservation, je pensais qu'il pourrait servir d'asile à quelque pauvre famille quand nous aurions quitté Moskou; et, comme je venais d'être chassé par les flammes, de la demeure que je m'étais choisie, je me décidai à habiter le pavillon.

Si la vue de tant de désastres pouvait inspirer autre chose que la pitié et les plus tristes regrets, on serait quelquefois tenté de s'étonner de la bizarrerie du spectacle dont on est témoin. Vous figurez-vous, ma sœur, une ville aussi grande que Paris, dont toutes les maisons sont abandonnées? parmi le petit nombre de celles que les flammes ont épargnées, quelques-unes égalent en magnificence les plus beaux hôtels de Paris. Le luxe asiatique, soumis au goût européen, fait de plusieurs palais de Moskou, des séjours, dont rien de ce que vous voyez en France, ne peut vous donner l'idée; et, quand on traverse ces salles désertes où les chefs-d'œuvres de l'Italie se trouvent réunis aux richesses de l'Inde, on ne peut que gémir sur la destruction de cette ville antique, dont une vaine gloire ne saurait consoler (2).

Je montai, avec Thierry, quelques marches dans l'obscurité; le pavillon semblait inhabité, tous les volets en étaient fermés. J'allais entrer dans une chambre, mais le spectacle le plus inattendu me fit rester immobile sur le seuil de la porte que je venais d'ouvrir. Deux femmes étaient auprès d'un lit ; elles veillaient une personne malade. La plus jeune surtout, semblait y prendre un vif intérêt. Elle était à genoux, et ses yeux se portaient tour à tour vers le ciel et sur la figure pâle de la malade, pour laquelle elle semblait invoquer le secours divin. Cette piété, cette tendre sollicitude, donnait aux traits les plus charmans, une expression céleste. Le danger qui les menaçait, et dont je venais de les délivrer, ces flammes que l'on entendait autour d'elles, ajoutaient encore à l'intérêt de ce tableau. Une seule lumière éclairait l'appartement, et je tâchais de ne pas être aperçu, jouissant en silence de la plus délicieuse émotion. Tout à coup, la jeune personne lève les yeux, m'aperçoit et jette un cri de frayeur. Honteux d'inspirer ce sentiment à une femme, et à une femme dont le sort m'intéresse déjà, je m'approche d'elle en cherchant à la rassurer, mais je n'y parviens pas, elle tremble à ma vue, et ses yeux supplians semblent implorer ma pitié. La dame malade s'était éveillée au cri de sa jeune compagne, et voyant dans sa chambre deux militaires, elle partagea ses craintes, m'adressa la parole en français et me pria de respecter le malheur. « Ne craignez rien de nous, » madame, lui dis-je, le hasard seul nous » a conduits ici, et votre asile nous est » sacré. Ordonnez et nous nous retirons » à l'instant ». L'inconnue me remercia avec bonté ; l'accent de la faiblesse donnait à sa voix une touchante expression, ses traits étaient pleins de noblesse et de douceur. L'extrême ressemblance me fit juger que la jeune personne était sa fille. Jamais je n'ai vu l'empreinte de la tristesse ajouter tant de charme à la beauté ; dès la première vue, je me sentis pénétré de compassion.

Combien je m'applaudissais d'avoir préservé le pavillon ! J'appris à la dame malade le danger qu'elle avait couru ; elle en fut d'abord effrayée ; le pavillon était séparé du palais par un jardin, et cet éloignement avait causé sa tranquillité. Mais elle n'avait évité un péril que pour tomber dans un autre.

Quelques soldats se présentent à la porte de la chambre. Animé par le désir de protéger celles que je venais de sauver, je demande à ces soldats ce qui les amène ici. Sans me répondre, l'un d'eux s'avance en jetant partout ses avides regards. Thierry, le vrai modèle des vertus d'un soldat, et que le pillage révolte, le saisit fortement par le bras et le jette dehors. J'eus de la peine à le contenir, et opposant à l'audace des pillards la fermeté qui en triomphe toujours, je parvins à les faire sortir. Cette action acheva de me gagner la confiance de la malade ; j'offris de la protéger, et comme chaque instant pouvait voir renaître le même danger, elle me proposa d'occuper le rez-de-chaussée du pavillon ; j'y consentis avec joie, et dès le soir je m'y établis. Voilà trois semaines que je passe dans ma nouvelle demeure ; chaque jour m'attache davantage à ces femmes qui, dès le premier abord, m'avaient si vivement intéressé. La dame malade est la veuve du prince L***, général de cavalerie, tué à la bataille de la Moskowa. Cette femme infortunée a perdu son fils dans la même journée. Il ne lui reste plus au monde que sa fille qui partage son malheur. Une maladie grave l'a contrainte de rester à Moskou, lorsque tout fuyait devant notre armée victorieuse. Les médecins avaient déclaré qu'elle ne pouvait être transportée sans le plus grand danger. A notre approche, tout le monde l'a abandonnée ; Aniela, sa fille, qui n'a que seize ans, et une Française attachée à elle dès son enfance, sont restées seules pour lui donner des soins. Ce dévouement qui lui a inspiré tant de courage dans un âge aussi tendre, ne commande-t-il pas l'intérêt le plus vif? Ma sœur, vous dont le cœur s'entend si bien avec le mien, vous partagerez sûrement mon admiration. Combien je remercie le ciel de m'avoir conduit près de ces infortunées! Oui, je reconnais sa volonté, et je serai digne de la tâche qu'elle m'impose. Avec quelle douleur je vois l'état de la princesse empirer chaque jour! J'ai fait venir un médecin de l'armée. Il m'a laissé peu d'espoir; sa décision m'accable de tristesse; je ne puis retenir mes larmes en pensant que les soins pieux qu'Aniéla donne à sa mère, seront peut-être superflus, en pensant à la situation où, peut-être, va bientôt se trouver cette intéressante et malheureuse orpheline.

Souvent je vois la princesse pleurer en regardant sa fille; elle voudrait nous cacher ses larmes, mais je devine qu'elle sent que sa fin approche.

Dès les premiers jours, elle semblait avoir de tristes pressentimens. Je lui

montrais quelques vues de Moskou que j'avais dessinées. A qui les destinez-vous ? me demanda-t-elle. Je lui dis que je voulais les envoyer à ma mère. — Vous avez encore une mère, et a-t-elle de vos nouvelles depuis la dernière bataille ? — Je ne crois pas qu'elle puisse en avoir encore. — Que je la plains ! — Puis fondant en larmes, elle ajouta : Vous avez encore une mère... Que vous êtes heureux ! Ma pauvre fille n'aura bientôt plus personne au monde. Aniéla nous avait entendus ; elle prit la main de sa mère, ses larmes se mêlèrent aux siennes ; comment aurais-je pu rester étranger à leur douleur ? Je tâchai de les consoler, et je leur dis tout ce que mon cœur et leur situation m'inspiraient. « Bon jeune homme, me dit la prin-
» cesse, oui, c'est Dieu qui vous a en-
» voyé ici, il aura exaucé les prières
» de ma fille. Quand, par les plus tou-
» chans motifs, elle se détermina à rester
» seule à Moskou ; quand elle ne craignit

» pas d'attendre l'arrivée des Français ;
» elle plaça toute sa confiance en Dieu,
» il aura récompensé ses vertus. Il aura
» protégé une mère mourante et son fai-
» ble enfant abandonnés au milieu d'une
» ville envahie, sans autre appui que leur
» confiance en lui. C'est Dieu, n'en dou-
» tez pas, qui, parmi tant de soldats inhu-
» mains, a choisi le généreux défenseur
» qui devait découvrir mon asile; c'est lui
» qui me console encore dans mon mal-
» heur, et qui me fait espérer que lorsque
» j'aurai fermé les yeux, sa bonté accor-
» dera à ma fille la protection que ses
» vertus ont méritée ».

Lorsque je lui dis mon nom, la joie se peignit sur son visage. « Quoi !
» me dit-elle, vous seriez le fils de
» madame de M***, que j'ai connue aux
» eaux de Tœplitz, pendant l'émigra-
» tion ? Non, je ne puis croire que le
» hasard seul vous ait conduit ici ; la
» providence vous a envoyé à notre se-
» cours, parce qu'elle vous a jugé digne de

» protéger notre faiblesse ; elle a voulu
» que j'eusse autrefois connu votre ver-
» tueux père, pour que l'idée que vous
» avez hérité de ses sentimens d'honneur,
» adoucisse mes regrets et mes craintes
» quand il faudra me séparer d'Aniéla ».

La princesse L*** est la fille de M. de B***, qui, comme notre père, avait quitté la France dans ces temps orageux. Ma mère n'aura sûrement pas oublié cette jeune Fanny de B***, à laquelle elle témoignait tant d'amitié pendant son séjour à Tœplitz ; c'est elle qui depuis a épousé le prince L***, et c'est elle que j'ai trouvée à Moskou. Madame L*** a encore quelques parens dans notre province ; elle s'était proposé de faire un voyage en France, mais cette guerre a renversé tous ses projets. Si le ciel conserve ses jours, elle partira avec nous ; oui, je justifierai sa confiance, jamais je ne l'abandonnerai.

LETTRE IV.

Alfred de M***, à Adélaïde, sa sœur.

Moskou, le 13 octobre.

Dans ma dernière lettre, ma chère sœur, j'avais encore conservé un espoir bien cher à mon cœur, celui de rappeler à la vie la mère d'Aniéla. Hélas ! aujourd'hui il m'est ravi, la faiblesse de la malade augmente chaque jour. Comment les soins de sa fille ne la raniment-ils pas ? Comment la tendresse n'est-elle pas le plus efficace de tous les secours ?

Je suis continuellement auprès du lit de la princesse. A peine y a-t-il un mois que je suis avec elle, et déjà elle m'inspire les sentimens d'un fils pour une mère. Aniéla n'ose m'exprimer ses craines; mais nos yeux se rencontrent aussi souvent que nos pensées. Souvent mon cœur se serre à l'idée de la perte qui nous menace, et mes regards se tournent vers l'intéressante orpheline qui n'aura plus que moi pour appui; la même pensée nous fait soupirer, et nous reportons notre attention sur l'objet de nos craintes communes.

Ma sœur, je sens déjà que la présence d'Aniéla devient à jamais nécessaire à mon bonheur. Quels momens de ma vie puis-je comparer au temps que j'ai passé auprès d'elle! J'ai admiré ses touchantes vertus avant de chérir ses aimables qualités. Oui, ma sœur, j'aime Aniéla, et je ne m'étonne pas d'un sentiment que si peu de temps a vu naître : la tristesse de tout ce qui m'environne aura sans doute ouvert mon cœur aux tendres impressions; une âme mélancolique est si disposée à aimer; et qui n'aimerait Aniéla, ange d'attraits et de vertus!

Ma chère Adélaïde, vous connaîtrez Aniéla, vous l'aimerez aussi. J'espère que bientôt je pourrai vous voir tous réunis. Une seule pensée trouble mon bonheur, celle de la perte que bientôt que nous aurons à pleurer. La princesse m'inspire un si tendre intérêt, et les craintes de sa fille me causent déjà tant de peine : que sera-ce donc quand un malheur irréparable fera couler ses larmes ?

Hier la princesse regardait un portrait de sa fille. Elle exprima le regret de n'en point avoir de son fils. « Ah! » dit Aniéla, nous pouvons encore re- » trouver celui de mon frère, si toute- » fois les Français n'ont pas brûlé sa » maison ». Ces paroles m'affectèrent profondément. Hélas ! me dis-je, nous avons donc fait bien du mal, puisque le cœur si doux d'Aniéla ne peut s'empêcher de nous haïr. Je demandai dans quel quartier demeurait le fils de la princesse, et je partis pour voir si les flammes avaient épargné son palais. De distance en distance on trouve quelques maisons où le feu n'a pas pénétré. Je reconnus avec joie que celle qu'on m'avait désignée était de ce nombre, et je revins l'annoncer à la princesse. Aniéla témoigna le désir de revoir les lieux que son frère avait habités ; elle pria sa mère de lui permettre d'aller, avec sa gouvernante, et sous ma protection, chercher les portraits qui lui devenaient si chers. Sa mère y consentit, je laissai Thierry auprès d'elle, je couvris Aniéla d'un manteau, et nous partîmes.

Le palais du prince Wladimir était à peu de distance. Aniéla nous conduisit par cette route qu'elle connaissait si bien. « C'est par cette rue, me disait-elle,
» qu'autrefois je me rendais chez mon
» frère, et maintenant je traverse cette
» même rue, dévastée par l'incendie,
» pour aller chercher le portrait de ce
» frère qui n'est plus ! il est mort pour
» sa malheureuse patrie, sans que sa
» mort ait pu la sauver. Ah ! dites-
» le moi, n'est-ce pas, votre cœur n'a
» pas pris part aux horreurs de cette

« guerre » ? Je regardais ses yeux baignés de larmes ; ils semblaient me dire qu'Aniéla me pardonnait d'appartenir à une nation qui avait causé ses malheurs. « N'accusez-pas, lui dis-je, les Français » des maux de cette guerre. Les peuples » ne font que ce qu'on leur ordonne de » faire, et nous sommes bien étran- » gers aux funestes résultats de cette cam- » pagne ». Nous continuions à marcher, bientôt nous arrivâmes dans le palais du frère d'Aniéla. Quand elle entra dans l'appartement de sa belle-sœur, elle fondit en larmes. Combien de soirées passées dans la plus douce intimité ! combien de momens heureux qui ne devaient plus revenir, se présentèrent à sa pensée ! chaque objet fixait tour à tour son attention. Ces fleurs, qui s'étaient fanées depuis qu'une main chérie ne les arrosait plus ; cet ouvrage de tapisserie qu'elle avait vu commencer par sa belle-sœur au milieu des plus doux entretiens ; tout lui présentait l'image du bonheur qu'elle

avait perdu. Le spectacle de la destruction ajoutait encore à ses regrets. Le jardin où elle se promenait dans son enfance, était entièrement dévasté ; les livres favoris de son frère étaient épars dans les appartemens ; plusieurs portraits de famille avaient été déchirés par des soldats inhumains qui s'étaient fait un barbare plaisir de détruire ce qu'ils n'avaient pu emporter. Celui de son frère avait, par hasard, été respecté. Je le remis dans les mains d'Aniéla, qui le considéra long-temps avec attendrissement. Un autre tableau se trouvait aussi dans la chambre de la jeune princesse L***. Il représentait ses deux filles, âgées de cinq ou six ans et assises ensemble sur le gazon. Aniéla regarda quelque temps leurs charmantes petites figures, qui semblaient, dans leur innocence, sourire à sa douleur. « Pauvres enfans, s'écria-
» t-elle, vous n'avez plus de père. Votre
» mère ignore encore la perte qu'elle a
» faite, et quand elle l'apprendra, je ne

« serai pas auprès d'elle pour la con-
» soler ». Tous ces détails m'émurent jusqu'au fond de l'âme; je me figurais, avec des couleurs si vives, le bonheur de ces jeunes époux, bonheur que nous avions détruit. « Combien de familles,
» me demandais-je, cette guerre n'a-t-
» elle pas désolées! Lorsque nous aurons
» quitté cette ville, combien de larmes
» couleront sur ses ruines! Que d'épou-
» ses ne trouveront plus la demeure de
» l'époux qu'elles auront perdu! Que de
» mères chercheront vainement la tombe
» de leurs fils »!

« Partons, me dit Aniéla, quittons ces
» lieux, dont la vue m'émeut trop vive-
» ment, retournons près de ma mère,
» remettons-lui ce portrait qu'elle a désiré.
» Le moment de joie qu'elle éprouvera
» en voyant les traits de son fils, fera
» taire ma douleur ». Nous arrivâmes près de la princesse, elle prit le portrait et le couvrit de larmes. « Maintenant,
» nous dit-elle, je ne désire plus rien;

» j'ai revu les traits de mon fils, j'atten-
» drai la mort avec résignation » — « Ah
» ma mère ! dit Aniéla, ne présentez pas
» à nos yeux d'aussi tristes images, vous
» vivrez pour votre fille; le ciel exaucera
» ses prières. Pourrait-il m'enlever en si
» peu de temps, tout ce que j'aime sur
» la terre »! Nous tenions chacun une des
mains de la princesse, nos larmes cou-
laient avec les siennes; à nous voir, on
nous eût pris pour ses enfans. Cette scène
affectait trop la malade; je regardai Aniéla, les âmes sensibles se rencontrent, et
nous tâchâmes de faire diversion à ces
douloureuses pensées.

Ma chère Adélaïde, partage l'affliction
de ton frère. Je ne puis me le dissimuler,
ma seconde mère nous sera bientôt ravie.
Adieu, mon aimable, mon excellente
sœur; prie pour ton frère, pour Aniéla
et pour sa pauvre mère.

LETTRE V.

Alfred de M***. à sa mère.

Moskou, le 17 octobre.

C'en est fait, ma bonne mère, le malheur que je redoutais est arrivé. Vous avez vu mes dernières lettres à ma sœur, les craintes que je lui exprimais se sont réalisées. O ! ma bonne mère, voici le premier chagrin que j'aie éprouvé..... Les soins dont votre tendresse m'entourait, m'en avaient préservé jusqu'ici. Mais aujourd'hui j'en ai ressenti les douloureuses atteintes. Elle n'est plus! ma seconde mère ; elle n'est plus celle que je n'ai connue si peu de temps que pour la regretter toujours ! Depuis cette perte j'ai senti bien vivement le besoin de vous écrire, et de m'assurer qu'il me reste, dans le monde, des personnes qui me sont plus chères encore.

Aniéla pleure auprès de moi, je suis

maintenant l'unique soutien de sa faiblesse ! Que serait-elle devenue si le ciel ne m'avait conduit auprès d'elle ?

C'est hier que nous avons perdu la plus tendre des mères; pardon si je lui donne ce nom, il m'est si doux de confondre mes affections avec celles d'Aniéla. Avant-hier la princesse me fit appeler. « Alfred, me dit-elle, je sens
» que je n'ai plus que quelques heures
» à vivre. Si quelque chose pouvait me
» faire regretter une vie dont le chagrin
» a avancé le terme, ce serait l'idée de
» la triste situation dans laquelle je laisse
» ma fille. Lors de l'approche des Fran-
» çais, quand tout m'abandonna, et
» qu'Aniéla se décida à rester seule près
» de sa mère, la maladie m'avait privé
» de tout sentiment; je n'ai pu l'em-
» pêcher de consommer ce généreux sa-
» crifice, et je ne suis revenue à la vie
» que quand il n'était plus temps de
» m'y opposer »....... Ici les sanglots arrêtèrent sa voix; après un instant de

silence elle continua : « Ma fille, dans
» quelques heures, sera privée du dernier
» appui que Dieu lui ait conservé ; dans
» quelques heures elle va se trouver seule
» sur la terre, isolée au milieu des débris de
» sa patrie. — Ma belle-fille est loin d'ici,
» madame Albert, comme Française,
» ne peut attendre le retour des ha-
» bitans irrités de Moskou ; tous mes
» amis ont fui cette terre de deuil et
» de désolation. — Vous seul semblez
» envoyé par le ciel pour veiller sur
» ma pauvre fille ; j'ai apprécié les no-
» bles qualités de votre cœur, je suis
» persuadée qu'il est plein d'humanité et
» de vertu ; acceptez, des mains d'une
» mère mourante, le dépôt sacré qu'elle
» vous confie ; soyez le protecteur, le
» frère d'Aniéla, le ciel veillera sur l'in-
» nocence confiée à l'honneur, et moi
» même de là haut, je vous suivrai de
» mes yeux maternels. — O ! ma mère,
» lui dis-je, permettez-moi de vous
» donner ce nom si cher à mon cœur ;

« permettez-moi de joindre aux droits
» sacrés que vous me donnez sur votre
» fille, un titre dont je me rendrai
» digne, unissez-nous, et bénissez
» vos enfans. — Mon fils, me dit-elle,
» que j'ai de plaisir à vous nommer
» ainsi ; je la désirais cette union, oui,
» j'espère que vous ferez le bonheur
» de ma fille, si le bonheur est fait
» pour ce siècle barbare. J'espère que
» vous guiderez sa faiblesse parmi les pé-
» rils qui vous entoureront pour rega-
» gner votre patrie. Dieu récompensera
» la piété filiale d'Aniéla » ! Elle la fit
approcher, et, joignant nos mains, elle
pria Dieu de bénir notre union.

Nous étions à genoux près de son lit,
nos deux mains étaient enfermées dans
celles de notre mère ; dans ce moment
tout autre sentiment cédait au regret
que nous avions de la perdre ; nous ou-
bliions notre amour pour ne penser qu'à
notre douleur. Le reste du jour la princesse parut plus tranquille ; elle était ras-

surée sur le sort d'Aniéla. Cette idée adoucit ses derniers instans; elle me recommanda le bonheur de sa fille, son nom fut le dernier mot qu'elle prononça.

Depuis hier je suis devenu l'unique soutien d'Aniéla. Auprès du pavillon se trouve un petit jardin anglais; c'est là que nous avons déposé les restes de sa mère, notre pieuse tristesse a fait toute la pompe de cette cérémonie. J'ai moi-même creusé sa dernière demeure, Thierry m'aidait dans cette pénible fonction; des larmes roulaient dans les yeux du vieux soldat. C'est auprès des murs renversés de son palais que repose la princesse L***. Sa fille a jeté quelques fleurs d'automne sur sa tombe, aucun monument n'en marquera la place, il ne pourrait l'indiquer qu'à l'indifférence; cette guerre cruelle ne lui avait laissé que sa fille, et les larmes que nous lui donnons, seront les seules qu'on accordera à la mémoire de cette femme vertueuse. Ce n'est que la religion qui puisse diminuer la douleur d'Aniéla : avec quelle ardeur elle prie pour le repos de sa mère ! Qui penserait, qu'au milieu de Moskou, de ce séjour d'horreur et de crimes, dont les murs incendiés ne retentissent que du bruit d'instrumens de mort, et des cris féroces de l'avidité, il existe un asile reculé où se pratiquent les plus touchantes vertus ? Qui croirait que du sein de cette ville qui doit être en horreur à la divinité, il s'élève vers son trône les ferventes prières de l'amour filial ? Dieu ! que ne puis-je consoler celle que j'admire ! mais que pourrais-je lui dire qu'elle ne sente comme moi ! les pensées de la douleur ne sont-elles pas communes à tous les bons cœurs ? Un regard, un serrement de main n'a-t-il pas tout dit ?

Ma mère, je n'aurai jamais d'autre épouse. Vous m'avez souvent dit que je serais libre dans mon choix. Aniéla vous semble-t-elle digne d'être votre fille ? Sa conduite envers sa mère n'assure-t-elle pas d'avance le bonheur de son époux ?· Pour la première fois, je ressens de la joie d'avoir une fortune indépendante ; il me sera si doux de l'offrir à la femme que j'aime. Aniéla est d'une famille distinguée de Russie, cette union convient sous tous les rapports, et vous l'approuverez sûrement. Avec quelle impatience je vais attendre le moment du départ de l'armée. Bientôt je serai en route, bientôt vous embrasserez votre fils et votre nouvelle fille. L'idée de l'avenir me sourit, en reportant mes yeux sur le présent ; je sens renaître ma tristesse ; mais n'y a-t-il pas aussi quelque courage à braver le chagrin ?

Je ne vous ai pas parlé de ma blessure, et vous désirez sûrement en avoir des nouvelles : elle n'a jamais été dangereuse, j'en souffre quelquefois ; mais dois-je penser à moi dans ce moment ? Que ne puis-je souffrir davantage encore et ne plus voir pleurer Aniéla.

LETTRE VI.

Alfred, à sa mère.

Moskou, le 20 octobre 1812.

Nous avons quitté notre pavillon pour nous enfermer dans le Kremlin, avec ce qui reste encore ici de l'armée. L'armée est partie pour Kalouga, et notre corps la suivra dans quelques jours. En quittant le pavillon, la tristesse d'Aniéla redouble encore; elle s'éloigne pour toujours de ces débris qui lui retraçaient les souvenirs heureux de son enfance. Elle quitte la terre ou sa mère repose; que de regrets pour elle! Depuis l'incendie, Aniéla n'était sortie qu'une seule fois de sa demeure, elle avait voulu s'épargner la vue des ruines de sa ville natale. Pour nous rendre au Kremlin, nous avons été obligés d'en traverser une partie. Quelle émotion lui a causée le tableau de ces désastres ! On aperçoit encore quelques malheureux habitans errans sur les débris de leurs demeures et semblables à des spectres parmi leurs tombeaux. Notre armée s'est emparée du peu de ressources qu'avaient épargné les flammes, et le reste de la population de Moskou est en proie à la plus affreuse misère. Aniéla sent bien tous les malheurs de ses concitoyens, mais elle cherche à me cacher sa peine. Aimable enfant, ne me reproche pas d'être Français, je suis bien vivement affecté des maux que cette guerre funeste a causés. Ce n'est pas l'envie de nuire qui nous a conduits ici; dans cette lointaine expédition, le soldat français n'a vu que la gloire de braver le danger, il le méprise et c'est de cette noble qualité que l'on a abusé. Jusqu'à ce jour le sort nous a favorisés ; mais si jamais il nous devenait contraire ; si ta patrie était vengée, et que tu fusses témoin des revers des Français ; Aniéla, j'en suis certain, tu en gémirais avec moi, ton cœur ne peut connaître la haine.

Telles étaient mes pensées en regardant mon aimable compagne ; tels étaient les sentimens que m'exprimaient ses beaux yeux, où son âme se peint si bien. Nous traversions rapidement ces rues désertes dont je voulais lui épargner le spectacle. Aniéla s'appuyait sur mon bras, bientôt nous arrivâmes dans le Kremlin. Nous sommes maintenant dans l'intérieur de la forteresse où nous attendrons le départ du corps de la jeune garde qui s'y trouve encore enfermé.

J'entrevois avec crainte le sort qui nous menace. La saison est fort avancée, nous avons eu déjà quelques jours de neige. Comment s'est-on laissé jouer par de vaines négociations entreprises dans le but de nous retenir ici, et de nous livrer aux rigueurs du climat? Ma prévoyance me garantira personnellement des dangers qui nous attendent : que ne puis-je la communiquer à tous les Français ! Imaginerait-on que le soldat a tellement oublié la cruelle misère qu'il a eu à braver en venant ici, qu'il ne prend aucune précaution pour se garantir des maux que lui prépare un retour sûrement plus pénible encore. Au lieu de se munir de fourrures pour l'hiver, de vivres pour une longue route dévastée déjà par le passage de l'armée, nos soldats se chargent des inutiles objets de leur pillage. Je parle à tous ceux que je vois, quelques-uns me savent gré de mes avis, et les mettent à profit. Puissent mes conseils sauver quelques Français !

On vient, dans ce moment, de donner l'ordre du départ pour ce soir. A cette nouvelle, j'ai vu trembler Aniéla ; puis elle a pris ma main, elle a semblé me dire que sa confiance en moi la rassurait. Qu'il est doux de protéger la faiblesse ! Combien je remercie le ciel d'avoir donné à l'homme le courage, à sa compagne le besoin d'un appui. Quel plus bel usage peut-on faire de cette vertu, que de l'employer à calmer les craintes de celle qu'on aime?.... L'homme sans courage n'est pas digne d'aimer.

J'ai mis le plus grand soin à préserver de tout péril ma faible compagne. Le tendre sentiment qui m'attache à elle, m'a rendu prévoyant. Ses fourrures, j'ai voulu moi-même les acheter. Nous emmenons une calèche de la princesse, mes chevaux la traîneront. Madame Albert n'abandonnera pas sa jeune maîtresse; Thierry, dont le cheval a été tué, ne me quittera pas. Ma blessure va mieux de jour en jour; ne vous alarmez donc pas, ma bonne mère, nous allons commencer un long voyage ; mais l'idée que chaque pas me rapproche de la France, doublera mon courage.

J'emporte les papiers d'Aniéla. Les titres de sa famille étaient enfermés dans une cassette que sa pauvre mère m'avait remise. Aujourd'hui, en l'ouvrant, j'y ai trouvé des diamans d'un grand prix. Un papier signé de la princesse m'apprend que c'est la dot qu'elle destinait à sa fille. Aniéla, tu n'avais pas besoin de richesses, il m'eût été si doux de t'offrir ma fortune !

Voici probablement la dernière lettre que vous recevrez de moi. Vous imaginez bien qu'il me sera impossible de vous écrire pendant la route. Je pense avec peine que d'ici à quatre mois, je vais être privé de toute relation avec ma famille. J'ai trouvé une occasion pour vous faire parvenir cette lettre; j'y joins deux petits tableaux que je viens de terminer.

Adieu, ma bonne mère, adieu pour quelque temps. Nous allons commencer un pénible voyage ; mais quand vous recevrez cette lettre, je serai déjà hors de danger, en route pour revenir et ne plus vous quitter. Espérons; *Dieu récompensera la piété filiale d'Aniéla.*

LETTRE VII.

Alfred de M***. à sa mère.

Le 23 octobre 1812, à 6 lieues de Moskou.

Cette lettre que je commence pour vous, ma bonne mère, quand pourrai-je vous la faire parvenir ? Nous sommes partis de Moskou hier à la chute du jour. Nous avons marché toute la nuit ; ce matin l'armée s'est arrêtée, et j'ai profité de cette halte pour vous écrire.

Le moment du départ a été bien triste pour Aniéla. Elle va recommencer une nouvelle vie dans une famille qu'elle ne connaît pas encore ; je l'ai rassurée, je lui ai promis qu'elle trouverait en vous, ma bonne mère, toute la tendresse de celle qu'elle a perdue. Dans les derniers jours que nous avons passés au Kremlin, l'ennemi est venu faire quelques reconnaissances jusqu'au près de la forteresse, quelques coups de fusil ont été tirés de part et d'autre, mais nous n'avons jamais été sérieusement attaqués (3). Un général de distinction a été fait prisonnier par notre infanterie, et voilà sans doute pourquoi nous n'avons pas été inquiétés au moment de notre départ. Il faisait nuit quand nous avons traversé la ville; ce n'était plus qu'un désert couvert de décombres, et c'est là le seul résultat de cette périlleuse campagne; c'est pour venir chercher à sept cents lieues, dans les plus tristes climats, le spectacle d'une ville incendiée, que nous avons quitté le beau ciel de notre patrie. Voilà l'unique fruit de nos travaux, le prix du sang de toute l'Europe. Pauvre France, où t'es-tu laissée entraîner? Le deuil qui règnera dans ton sein, sera-t-il moins cruel parce que tes ennemis le partageront?

Nous étions déjà loin de Moskou, un épais brouillard se joignait aux ténèbres que notre armée traversait en silence : tout à coup la terrible explosion du Kremlin se fit entendre dans le lointain ; jamais bruit aussi épouvantable n'avait retenti à mon oreille, mais dans ce siècle d'horribles merveilles, les différens organes devaient être successivement frappés de sensations surnaturelles. Ce bruit, semblable à celui d'un volcan, dura quelques secondes. Le silence de l'anéantissement succéda au fracas de la destruction. Quelques instans avaient suffi pour renverser ces murs que des siècles avaient élevés, qui avaient vu les siècles se succéder, et qui avaient servi d'asile à tant de monarques puissans (4).

L'armée continuait à marcher dans l'ombre. Une marche de nuit a toujours je ne sais quel caractère imposant et lugubre, soit qu'elle ait pour but de surprendre une troupe endormie, soit qu'on profite des ténèbres pour se dérober à la poursuite de l'ennemi. Cette multitude qui marche en silence et que la même pensée occupe, ce calme des nuits, qui n'est troublé que par le bruit incertain des armes balancées en marchant ; l'attente du danger, l'approche de l'ennemi qu'on désire ou qu'on redoute, tout fait naître dans l'âme un sentiment qu'on ne saurait définir.

Je me rappelle ce que j'éprouvais il y a deux mois lorsque je devais, au milieu de la nuit, chercher et combattre des patrouilles ennemies. Je ne craignais pas alors le danger qui ne menaçait que moi ; brûlant du désir de me signaler, de montrer aux vieux soldats que je commandais, que ma jeunesse ne me rendait pas indigne d'être leur chef, avec quelle ardeur je désirais voir l'ennemi, avec quelle attention mes yeux cherchaient à percer les ténèbres ! Penché sur le cou de mon cheval, je prêtais l'oreille au bruit des forêts agitées, croyant quelquefois entendre le pas des chevaux. Je sentais battre mon cœur à l'approche du danger, mais c'était l'impatience, non la crainte qui en précipitait les mouvemens.

Et maintenant l'amour me rend timide; quand par hasard j'entends un coup de fusil résonner au loin derrière nous, la frayeur d'Aniéla fait naître la mienne : qu'il serait affreux pour moi le péril qu'elle partagerait! mais elle s'est endormie. Maintenant, je ne crains plus que ce qui pourrait troubler son sommeil : le jour paraît, il éclaire les traits charmans d'Aniéla, je suis en face d'elle dans la calèche, et je contemple avec ravissement le sourire empreint sur ses lèvres. Songes heureux, bercez mon amie de vos flatteuses illusions ! elle passe les jours dans les regrets; que du moins son sommeil lui retrace quelques images de son bonheur passé.

Nous nous sommes arrêtés depuis une heure. Aniéla s'est éveillée, elle s'est approchée de ces feux allumés en plein air, elle s'est assise sur un arbre renversé.

« Aniéla, lui ai-je dit, ne tremblez-vous

» pas à l'idée du genre de vie que
» nous mènerons pendant la retraite »?
« Alfred, m'a-t-elle répondu, j'oublierai
» tout si vous restez près de moi. »

Ces mots m'ont fait réfléchir sur ma situation. Je suis blessé, incapable de conduire mon cheval, mon devoir me permet d'être éloigné de mon régiment; mais si ma blessure guérit avant la fin de la campagne, si l'honneur m'ordonne de reprendre mon rang, pourrai-je trahir mon devoir, pourrai-je souffrir que l'on dise de moi qu'une femme me l'a fait oublier?

Nous suivons dans ce moment la route de Wereïa, où nous devons rejoindre l'armée. Les froids ne se font point sentir, quoique la saison soit avancée, mais nous ne sommes encore qu'au premier jour de notre voyage.

De quelques lieues en avant de Mozaïsk.

Nous avons traversé aujourd'hui les plaines témoins de tant de désastres. Quels momens pour Aniéla ! elle a vu le théâtre des derniers efforts de sa malheureuse patrie ; les lieux où son père et son frère ont péri pour la défendre.

Le spectacle de ces plaines est affreux ; de toutes parts aussi loin que les regards peuvent s'étendre on n'aperçoit que des victimes. Et quand on pense que tout le sang que ces lieux ont vu couler, n'aura d'autre résultat que d'en faire répandre d'autre pour le venger, on se demande si la gloire peut valoir ce qu'elle coûte.

J'ai revu l'endroit où j'avais combattu ; j'ai montré à Aniéla l'arbre près duquel j'avais été blessé ; mais j'ai été étonné de ne plus retrouver l'ardeur que les souvenirs de ces lieux auraient dû faire renaître en moi. Je concevais la noble audace que le tumulte et le danger m'avaient inspirée. Mais en pensant de sang-froid aux funestes effets de la valeur, je fis des vœux pour que mon devoir ne m'ordonnât plus de l'employer à causer la mort de mes semblables.

Enfin, nous avons passé ces champs d'horreur, nous sommes maintenant au milieu d'un petit village brûlé, dont je ne puis savoir le nom. De Moskou jusqu'au Niemen, il ne reste plus une maison dans les campagnes, les Russes ont tout brûlé, et telle est la route que doit parcourir l'armée.

Smolensk, le 14 novembre 1812,

Aux deux lettres précédentes je vais encore joindre celle-ci, sans pouvoir les faire partir; c'est maintenant un journal que j'écris. Que je suis heureux d'avoir reçu vos trois lettres ! J'ai déjà besoin de consolations. Les froids ont commencé, la disette mine notre malheureuse armée, et nous ne sommes pas encore à cent lieues de Moskou. Nous serons obligés de laisser ici la calèche d'Aniéla. Les traîneaux vont beaucoup mieux dans cette saison, et je viens de m'en procurer un. Dans quelques jours nous avancerons avec plus de rapidité dans ce nouvel équipage. Le tableau que je vous ai envoyé, et qui a été fait dans les derniers jours de mon séjour à Moskou, peut vous donner une idée exacte de cette manière de voyager. Dans cet ouvrage j'avais anticipé sur les événemens; je prévoyais que probablement notre retour aurait lieu parmi les neiges de l'hiver. Aujourd'hui nous allons réaliser cette espèce de prédiction. Notre costume a été fidèlement copié; en regardant le tableau qui représente le retour de vos enfants, faites des vœux, ma bonne mère, pour que Dieu hâte la course du traîneau qui vous les ramène.

L'armée est restée ici quelques jours, mais cette ville brûlée lui a offert bien peu de ressources, et quand nous la quitterons, la misère va recommencer. Avec quelle joie je relis vos lettres! que je suis heureux de recevoir la croix de la légion-d'honneur, et de l'apprendre par vous. J'ai vu ici mon colonel, je l'ai remercié de votre part et de la mienne; il m'a répondu les choses les plus flatteuses. C'est Aniéla qui vient de m'armer chevalier, sa jolie main vient de me décorer du glorieux ruban. Adieu pour aujourd'hui, je ferme mon cahier; quand pourrai-je vous le faire parvenir?

LETTRE VIII,

Faisant partie du paquet reçu à Smolensk.

Madame de M***., à Alfred son fils.

Paris, le 6 octobre 1812.

Mon cher fils, mon cher Alfred, avec quelle joie nous avons reçu tes deux lettres de Moskou ! Oui, mon ami, le bulletin de la bataille de la Moskowa nous était déjà parvenu avant que je n'eusse reçu de tes nouvelles. Ces feuilles de terreur arrivent toujours trop tôt, au gré de tous les vœux, et j'ai passé cinq jours dans des transes mortelles. Louis a voyagé fort vite et m'a remis tes deux lettres. Ton cousin m'a donné des détails sur ta blessure ; quand je pense que la moindre différence dans la direction de la balle pouvait m'enlever mon fils, je ne puis que frémir et rendre grâce à Dieu. Et ce brave Thierry, combien je le remercie! témoigne-lui bien ma reconnaissance du service qu'il t'a rendu.

Avec la nouvelle de votre victoire, sont arrivées aussi des demandes de décorations. Un ami m'a fait prévenir que la croix était demandée pour toi. Avec quel plaisir j'ai appris cette nouvelle ! J'ai lu le rapport de ton colonel, il contient les détails les plus flatteurs sur ton courage; oui, mon fils est bien brave et je n'en ai jamais douté, la valeur doit être une des vertus d'un cœur comme le sien. Mais, mon ami, je t'en prie, ne t'expose pas autant à l'avenir, je t'en supplie, pense à ta mère, et si le danger n'est rien pour toi, crains-le un peu pour elle.

Soigne bien ta blessure, reviens bientôt parmi nous, tu écouteras, je l'espère, les supplications de ta mère, tu resteras avec elle, tu ne serviras plus. Je suis vraiment trop malheureuse de ton absence et de tes périls. Oh ! oui, ceux qui sont à l'armée, sont bien moins à plaindre que ceux qui tremblent pour eux: au lieu de quelques jours de dangers que votre courage vous fait compter pour rien, nous autres pauvres mères nous avons nuit et jour les plus tristes pensées, chaque moment peut être le moment fatal. A peine recevons-nous de vos nouvelles, que nous tremblons encore pour le temps qui s'est écoulé depuis le départ de la lettre qui nous rassure.

Paris offre maintenant le plus triste spectacle ; l'inquiétude est peinte sur tous les visages. Je n'ose dire que j'ai de tes nouvelles, de peur d'affliger celles qui sont moins heureuses que moi. Je n'ose en demander de personne, je crains d'apprendre des accidens fâcheux, d'éveiller des alarmes ou des regrets ; ces deux sentimens règnent par toute la France. Dieu ! quand finira cette guerre qui compte déjà tant de victimes !

Adieu, mon ami, pense souvent à nous et je suis bien sûre que tu ne t'exposeras plus inutilement. Adélaïde va t'écrire, j'ai trouvé moyen de te faire parvenir ces trois lettres par l'estafette ; ton oncle, fier de ta gloire, a voulu aussi t'en féliciter.

LETTRE IX.

Le colonel de M***, à Alfred, son neveu.

Paris, le 6 octobre 1812.

Bravo! mon cher Alfred! tu réalises ce que j'avais toujours prédit. Nous avons lu aussi le rapport du colonel de ton régiment; je suis bien fier d'avoir un neveu comme toi. Le brave vicomte de M***, mort à Fontenoi, ne te désavouerait pas pour son petit-fils; j'ai vu avec plaisir que mes hussards étaient toujours les mêmes. Il fut un temps où je les conduisais au combat; j'ai même encore parmi les officiers quelques vieux camarades. J'ai appris avec satisfaction la belle conduite de mon ancien régiment.

Puisque ta blessure n'aura pas de suites, je t'en félicite, mon ami; c'est un titre à l'estime, je suis fier encore aujourd'hui d'en avoir à montrer.

Le vieux Thierry vient d'acquérir des droits à notre reconnaissance. Je me le rappelle encore; il était de mon temps, et s'il n'eût pas désiré rester toujours simple hussard, je l'aurais fait avancer. Dis-lui que son ancien colonel le remercie et l'embrasse comme il embrassait autrefois les braves le soir d'une bataille; dis-lui que je veux reconnaître le service qu'il t'a rendu; que s'il a des parens en France, j'en aurai soin, et que quand il se retirera je veux lui donner les invalides dans mon château.

Mon cher Alfred, je suis bien heureux d'apprendre que tu es nommé légionnaire. Un vieux soldat ne peut plus jouir que de la gloire de ceux qu'il aime. Permets-moi donc de te féliciter comme un vaillant et loyal chevalier. Et moi aussi j'avais reçu une décoration sur le champ de bataille ; ma croix de Saint-Louis que je ne puis plus porter, je la conserve religieusement comme mon plus beau titre de noblesse; mais aujourd'hui que

3*

mon cher Alfred vient d'être décoré, je regrette moins de ne plus l'être. Ta gloire, mon ami, fait celle de ton vieil oncle et j'éprouve autant de joie que le jour où je reçus la noble distinction.

Il faut avouer que vous avez fait, jusqu'à présent, une bien belle campagne. Il faut être Français pour l'entreprendre; cette expédition fait honneur au courage de notre nation.

Personne ne fait autant de vœux que moi pour le succès de vos armes. Je suis persuadé que vous ferez tout ce que peut faire le courage. J'espère aussi que nous te verrons bientôt revenir de cette guerre et que ce sera pour ne plus nous quitter. Adieu, mon ami, tu es jeune, sans expérience ; mais si tu te trouves dans de grands dangers pendant la retraite, ne perds pas courage, souviens-toi des conseils d'un vieux militaire, sois bien sûr que la fermeté triomphe de tout.

LETTRE X.

Adélaïde de M***., à son frère.

Le 6 octobre 1812.

Mon cher Alfred, quelle joie m'a causée votre lettre! quelle douce satisfaction a succédé à nos alarmes! que je suis heureuse d'apprendre que vous ayez fixé l'attention de vos chefs! Il fallait bien un peu de bonheur pour dissiper la tristesse de notre famille depuis que nous ne recevions pas de vos nouvelles. O mon cher frère, que la guerre est cruelle pour ceux qui la font comme pour ceux dont le cœur y prend part! Que d'inquiétudes et de tourmens depuis que vous nous avez quittées! Ma mère essayait vainement de me distraire en me menant dans le monde au milieu de ces plaisirs que je me reprochais; je me demandais quelquefois : que fait mon frère en ce moment?

Rien ne pouvait nous consoler de votre départ et de votre silence ; tous les soirs, quand nous rentrions, je m'empressais de demander s'il était arrivé des lettres de Russie, et quand on nous avait répondu que non, nous montions lentement l'escalier, nous ne disions rien, ma mère ni moi, mais quand je la regardais, j'étais sûre que nous avions toutes deux les larmes aux yeux.

Je vous avouerai, mon frère, que je pense avec quelque plaisir que votre blessure vous dispense maintenant de vous exposer : vous êtes si brave et le danger est si peu de chose à vos yeux, qu'il faut bien que votre sœur ait peur pour vous. Alfred, vous me pardonnerez de vous aimer plus que votre gloire.

Vous m'avez fait trembler par le récit de cet incendie de Moskou ; mon Dieu, combien d'habitans auront péri dans les flammes ! Et ces blessés dont vous nous peignez les souffrances et l'abandon ! Oh! je vous en prie, ne nous faites plus d'aussi

« tristes récits. Est-il possible qu'on laisse ces malheureux sans leur donner de secours ?

Combien j'aime votre bon colonel pour avoir pris soin de votre blessure ! je lui en sais encore plus de gré que de vous avoir fait donner la croix, car enfin c'est bien vous qui l'avez gagnée ; pauvre frère, je tremble encore en pensant à toutes ces balles qui tombaient autour de vous.

Nous avons eu un bonheur que tout le monde nous a envié : recevoir une lettre de vous dix jours après les nouvelles officielles. On est bien triste ici malgré les brillantes nouvelles. Depuis long-temps nous sommes si habitués en France à voir triompher nos armées, que les plus éclatans succès ne peuvent plus rien ajouter à notre gloire : aussi le récit de votre victoire n'a-t-il été accueilli que comme une chose à laquelle on s'attendait. Vous veniez de prouver encore une fois ce dont personne ne doutait. La valeur française venait d'obtenir les avantages accoutumés, mais de nouvelles pertes venaient se joindre à celles que déjà l'on avait à pleurer ; votre gloire ne consolait pas, vos succès ne rassuraient personne, chacun craignait pour celui de vous qui l'intéressait, et ce n'est qu'en tremblant que tout Paris a lu le bulletin de vos exploits.

Vous avez bien fait de nous parler de monsieur Eugène de C*** ; sa mère était bien inquiéte et vous l'avez rassurée. Dorénavant, mon cher Alfred, parlez-moi dans vos lettres de ceux de vos amis que vous aurez rencontrés. Quelques lignes pourront calmer bien des inquiétudes, et je suis si heureuse quand j'apporte une bonne nouvelle. Adieu, mon cher Alfred, ne vous exposez plus autant ; nous vous le demandons tous au nom de votre amitié pour nous.

SUITE DE LA LETTRE VII.

Alfred de M***. à sa mère.

Dombrowna, le 20 novembre 1812.

Je vais continuer la lettre écrite à Moskou. Je ne puis encore penser à la faire partir. Nous avons quitté Smolensk, et les froids ont commencé ; notre armée a déjà beaucoup souffert. Il est étonnant de voir que l'ennemi ne profite pas davantage de la triste position où le climat et la misère l'ont jetée. Aucun moyen de subsistance n'ayant été assuré, nos soldats sont obligés de s'écarter de la route pour chercher des ressources dans les villages. Beaucoup s'égarent et sont faits prisonniers. Le froid commence à se faire sentir avec une rigueur inconnue dans nos climats ; à chaque pas, je rencontre des malheureux luttant contre le froid et la faim et succombant à tant de maux, sans que personne puisse les secourir ; tant que les forces de l'âme peuvent suppléer à celles du corps, les Français se traînent sur la route, mais enfin ils tombent..... et meurent sans avoir perdu courage. La plus belle armée du monde ne sera plus, dans quelque temps, qu'une longue suite de cadavres glacés, épars sur une route de quelques centaines de lieues. Que pouvons-nous espérer ? Les froids augmentent chaque jour, aucune ressource ne s'offre contre la faim, tout est brûlé sur notre passage ; on ne trouve sur les chemins que de la neige et des morts.

Quel spectacle pour Aniéla habituée jusqu'à ce jour à l'opulence, aux tendres attentions d'une mère ! à seize ans elle est témoin de désastres uniques dans l'histoire du monde. Oui, ta patrie est bien vengée ; mais, je l'avais prédit, ton bon cœur déplore les malheurs de tes ennemis.

Ce matin un vieux soldat passait près de notre traîneau ; nous allions lentement et nous eûmes, pendant un quart d'heure, le spectacle de ses souffrances, le malheureux se soutenait à peine en s'aidant de son fusil; il chancelait en marchant, et je tremblais à chaque instant de le voir tomber pour augmenter le nombre des victimes. Il nous suivait cependant, le désespoir était dans les yeux du vieux guerrier; c'était le courage luttant contre le trépas. Aniéla le regardait avec émotion; elle prit un morceau de pain et lui dit, avec le son de voix le plus touchant: « tenez pauvre Français ». Le vieux soldat la remercia; attendri, mais étonné, comme tant d'autres, il n'attendait plus que la mort, il n'espérait plus rien de la compassion de ses compatriotes; dans ces momens terribles, l'égoïsme avait glacé tous les cœurs, la bienfaisance était un miracle, et c'était Aniéla, Aniéla, dont les Français avaient causé les malheurs, qui leur donnait l'exemple de la générosité!

Je crois que je ne pourrais résister

au tableau déchirant des souffrances de mes compatriotes, sans la présence de celle qui me console. Lorsque mes yeux sont fatigués de l'aspect continuel du désespoir et de la mort, je les reporte sur les traits si doux d'Aniéla. C'est le contraste de l'enfer et du ciel. Elle est en face de moi dans le traîneau ; malgré les soins dont je cherche à l'entourer, quelle vie pénible pour elle ! quelle différence des jours sereins qu'elle passait avant que nous ne vinssions troubler la paix de sa patrie ! Ah ! que ne puis-je adoucir ses maux au prix des souffrances que mes forces pourraient braver ! Quand je pense qu'elle a déjà couru de grands dangers, qu'elle a même été exposée à ceux dont son sexe l'affranchit, et que le sort de la guerre a menacé ses jours. Dernièrement, à Krasnoï (*), l'armée a soutenu un engagement assez vif ; malgré l'infériorité

(*) 17 novembre 1812.

de nos moyens nous avons tenu tête à l'ennemi toute la journée ; ma blessure ne me permet pas encore de prendre part au combat ; nous étions descendus de notre traîneau, nous passions dans le petit bourg de Krasnoï au moment où les Français se retiraient. L'ennemi avait placé des pièces de canon à peu de distance, et les boulets venaient jusqu'à nous ; ils traversaient facilement le frêle obstacle que leur opposaient les maisons de bois de la ville, et j'entendais leur affreux sifflement menacer la vie de ma timide compagne. Bizarre et douloureuse situation ! Quoi ! ces membres charmans sont exposés aux hasards de la guerre ? ils peuvent être cruellement frappés ! Je tremblai à cette idée et, pour la première fois, je connus la frayeur. Aniéla me regardait avec inquiétude ; mais je voyais que mon danger l'occupait autant que le sien, et qu'elle était moins émue du bruit qui menaçait sa vie, que du spectacle horrible des malheureux atteints par l'arme infernale.

Je me plaçai à côté d'elle, nous continuions à marcher au milieu des boulets qui tombaient autour de nous; je tenais la main tremblante d'Aniéla; du moins, me disais-je, si nous devons mourir, je serai frappé le premier, nous partagerons le même sort, nous préférons la mort à la douleur d'être séparé. Cet état d'anxiété dura quelque temps; mais la nuit approchait, le feu se ralentit, et l'ennemi abandonna sa poursuite.

L'armée marche souvent au milieu des ténèbres; les jours sont extrêmement courts dans cette contrée, et ne suffiraient pas aux marches que nous sommes obligés de faire; l'obscurité redouble, s'il est possible, la situation de nos soldats; ils ne peuvent faire un pas sans tomber sur la neige, dont le froid fait une espèce de verglas; avec quelle impatience ils attendent le moment où l'armée s'arrête;

ils regardent avec quelque joie les feux lointains dont brille l'horizon ; mais quand ils en approchent, quelle consolation trouvent-ils ?.... Point d'autre que la vue d'un plus grand nombre de leurs compagnons réunis pour gémir ensemble. Quand les soldats parviennent à faire du feu, ils se groupent autour, et la plainte circule de bouche en bouche. Le sommeil est le seul remède à leurs maux; tous sont en proie aux tourmens affreux de la faim. Bien souvent j'en ai vu faire d'inutiles efforts pour allumer quelques branches d'arbres couvertes d'une écorce de glace, pendant des heures entières; cinq ou six malheureux sont occupés à souffler sur quelques charbons couverts d'un amas de feuilles sèches : souvent ils sont obligés de renoncer à leur pénible dessein ; alors on les voit se rouler à terre en versant des larmes de désespoir; ils appellent la mort comme le seul terme à leurs maux; et, quand le jour reparaît, quand le soldat veut éveiller son compagnon..... il n'est plus de réveil pour lui ! Ceux qui survivent à ces nuits cruelles regrettent de vivre encore, s'éloignent de ces tristes lieux, et de nombreux cadavres marquent seuls la place de nos gîtes.

Jusqu'à présent j'ai pu préserver Aniéla des périls qui l'entourent ; le courage de madame Albert, et sa tendresse pour sa jeune maîtresse contribuent à adoucir le sort de ma faible compagne ; ses fourrures la garantissent du froid excessif que nous ressentons. Souvent nous sommes obligés de passer la nuit dans notre traîneau ; d'autrefois, quand je parviens à faire du feu, Aniéla dort sans abri sur quelques poignées de paille, souvent je m'éveille et je l'admire dans son sommeil, l'innocence et la paix règnent sur sa figure, je me plais à écarter d'elle l'apparence même du danger ; je tremble quelquefois que ses pieds délicats ne souffrent d'un froid si terrible, alors je me dépouille de mes fourrures pour en couvrir celle dont la vie m'est plus chère que la mienne, et je passe le reste de la nuit près du feu dont le sombre éclat me laisse apercevoir ses traits que je ne puis me lasser de contempler.

Quelquefois aussi nous nous éveillons ensemble; quand le point du jour marque l'heure du départ, notre première pensée est toujours l'un pour l'autre, et ce réveil est bien doux pour tous deux; mais, hélas! de toute l'armée, nous sommes les seuls que le bonheur attende à leur réveil; tous mes malheureux compatriotes, en s'éveillant, croient ouvrir leurs yeux au dernier jour de leur vie. Le sommeil leur avait fait oublier leurs souffrances; en revoyant la lumière leur désespoir renaît, ils recommencent leur pénible voyage, dont le seul but sera la mort.

Déjà beaucoup de soldats marchent isolément; on craint que bientôt toute l'armée ne suive ce funeste exemple: comment faire marcher en ordre des malheureux dont les forces sont épuiséés, et dont les pieds ne peuvent se soutenir sur la neige glacée ? Beaucoup ont été forcés d'abandonner leurs armes ; on éprouve autant de douleur à toucher un canon de fusil, qu'à saisir une barre de fer rouge. Nous sommes à Dombrowna ; nous avons encore bien du chemin à faire ; mais le courage ne m'abandonnera pas : quand vous lirez ces lignes, ma bonne mère, je serai probablement hors de danger ; mais vous pourrez dire avec raison, que j'étais bien à plaindre lorsque je les traçais.

Borussow, le 26 novembre 1812.

L'armée est arrivée aujourd'hui devant Borussow ; nous sommes dans une bien triste position ; je n'ai jamais su ce que c'était que perdre courage ; il ne m'abandonne même pas aujourd'hui qu'il ne me reste que peu d'espoir. Ces lettres, peut-être, ne seront jamais lues par ma mère, peut-être n'entendra-t-elle jamais parler de son fils !.....Bannissons cette funeste idée ; ne pensons plus qu'au danger qui menace mes compatriotes : oui, je les partagerai. Ma blessure, quoiqu'à peine guérie, me permet de joindre mes efforts aux leurs. L'honneur et mon amour pour les Français m'ordonnent également de m'unir à leurs travaux. Le pont de Borussow est brûlé ; notre marche est retardée, et nous allons bientôt avoir à combattre une armée nouvelle qui revient de Turquie. Notre armée est bien affaiblie, mais son courage est toujours le même. Nous sommes à la veille d'une bataille décisive ; si nous la perdons, il n'échappe pas un Français : espérons, Dieu nous protégera. On vient d'établir un pont sur la Bérésina ; nous le passons demain. Demain donc se décide le sort de l'armée ; quel qu'il soit, mon devoir est de le partager ; hélas ! si je succombe, deux infortunées, dont je suis devenu le protecteur, vont être exposées aux plus affreux périls ; mais j'étais Français avant de connaître Aniéla. Je l'aime peut-être plus encore que ma patrie; mais pourrais-je être heureux si le lâche abandon de mes devoirs était le prix de mon bonheur? Il le faut; oui, demain je veux suivre les Français au combat.

J'écris auprès d'Aniéla; je cherche à lui cacher ces lignes que je trace! ô toi que j'aime plus que ma vie, et qui pourtant ne peux me faire oublier l'honneur, hélas! tu ne sais pas que je médite le cruel dessein de te quitter pour combattre; tu me souris et ne vois pas mes larmes. Peut-être un jour tu reliras ces lignes écrites sous tes yeux; peut-être alors je ne serai plus, la neige de ces climats aura couvert la victime du saint amour de la patrie. Tu recevras mes adieux; tu sauras combien je t'aimais; tu apprendras combien ce douloureux sacrifice coûtait à mon cœur : et vous, ma mère, si jamais cet écrit s'offre à vos yeux, lorsque ma main sera glacée, recueillez les dernières pensées de votre fils : vous pleurerez celui qui vous aimait tant ; regrettez-le, mais ne le plaignez pas, il aura versé son sang pour ses compatriotes ; il aura fait son devoir ; il sera mort content ; et si jamais l'intéressante orpheline vient vous demander un asile, ah! recevez-la dans vos bras; reversez sur elle toute la tendresse que vous aviez pour votre fils. Je suis sûr que ma bonne mère. .

. . . .
. . . .

LETTRE XI.

Aniéla à madame de M***.

Kœnigsberg, le 25 décembre 1812.

(*On n'a rien voulu changer au style des deux lettres suivantes.*)

C'est le désespoir dans l'âme que je vous écris, madame; depuis que j'ai entendu prononcer votre nom, depuis que j'ai eu le malheur de perdre ma mère, mon unique pensée était de vous aimer et de me faire aimer de vous. Pourquoi faut-il que la première lettre que vous receviez de moi vous annonce le plus grand des malheurs! Je vous envoie le journal de votre fils : il était mon seul appui; hélas! je l'ai perdu, et depuis ce temps je ne fais que pleurer. Nous croyions que le ciel nous avait destinés l'un pour l'autre; ma mère était votre amie, votre fils avait été le protecteur de notre faiblesse; ma mère, en mourant, avait béni ses enfans, et maintenant il est passé le bonheur que nous nous étions figurés. Alfred est perdu pour ceux qui l'aimaient, ou du moins il ne me reste que bien peu d'espoir. Ce faible espoir et celui de vous retrouver, madame, peuvent seuls encore m'attacher à la vie; car, hélas! je suis maintenant seule sur la terre, loin de ma patrie, sans autre appui que celui de Dieu, qui protége le faible, sans autre famille que celle qu'Alfred m'avait appris à aimer.

Dans ce journal interrompu, votre fils me disait adieu; Alfred, ah! pourquoi m'avoir quittée?

La veille de la bataille, nous passâmes la Berezina, le canon avait déjà commencé à se faire entendre ; ce bruit me cause toujours un sentiment de terreur, mais je voyais Alfred auprès de moi et j'étais rassurée. Je me disais, sa blessure l'empêche de s'exposer, demain il restera près de moi et je ne craindrai plus rien.

Confiante, je me couchai sous l'abri qu'Alfred avait élevé pour nous : je dormais tranquille, le croyant avec moi ; le matin je m'éveille, je cherche votre fils, il n'y était plus et le canon grondait.

J'appelai Alfred en tremblant et je ne le trouvai pas. Je le voyais bien, il était parti pour aller combattre, et moi, il m'avait abandonnée pendant mon sommeil. Tout le jour j'entendais le bruit de la bataille et je priai Dieu pour votre fils. Je demandai à Thierry de nous conduire, moi et madame Albert, dans un lieu d'où nous pourrions voir si Alfred revenait ; nous montâmes sur une petite colline, je regardais du côté où se donnait le combat, je vis de pauvres blessés qui revenaient ; cette vue me fit pleurer, mais j'ai voulu rester, car autre part j'aurais aussi pleuré en pensant à lui. La nuit approchait, Alfred ne revenait pas ; je pensais à vous, sa bonne mère. Hélas ! qu'est-il devenu ? Un pauvre blessé a ramené son cheval, il n'a pu nous répondre.

Le soir, Thierry est allé le chercher, mais il ne l'a pas vu. Nous sommes partis, oh! quel triste voyage! autrefois Alfred me consolait, mais alors je ne le voyais plus auprès de moi. J'étais seule dans le traîneau et je pensais à celui qui n'y était plus. Madame Albert cherchait à me consoler, mais elle ne pouvait me distraire de la plus douloureuse pensée. Je trouvais toujours que nous allions trop vite; peut-être, disais-je, Alfred marche à pied pour nous rejoindre.

Une fois, je vis sur la route un Français; il avait une pelisse semblable à celle d'Alfred, je l'appelai, je croyais que c'était lui; il a tourné la tête, mais je n'ai point vu les yeux si doux de votre fils. Oh! je ne le verrai plus, il est perdu pour nous!

Depuis le jour de mon malheur, nous avons encore couru bien des dangers; le bon Thierry m'a protégée, mais votre fils n'était plus auprès de moi pour me rassurer, et maintenant nous sommes en

Prusse ; tous les dangers sont finis. Mon Dieu, si Alfred était avec nous, je m'estimerais heureuse d'être sauvée.

Pardonnez, madame, je n'ai pas su vous exprimer en français tout ce que j'éprouve; ce n'est que quand je serai près de vous que vous pourrez juger de ma tendresse. Vous me recevrez, j'en suis bien sûre; vous n'abandonnerez pas la pauvre orpheline.

LETTRE XII.

Thierry, à madame de M***.

Kœnigsberg, le 25 décembre 1812.

Madame,

Je vais donner aujourd'hui une nouvelle qui me fait bien de la peine. Depuis trente ans que je fais la guerre, le cœur du vieux hussard devait être bien endurci, eh bien! madame, j'ai les larmes aux yeux en vous écrivant. Ce brave M. Alfred, pourquoi ne suis-je pas à sa place dans ce moment! Je n'ai plus de parens, du moins personne ne me regretterait. Seulement, quelques vieux camarades auraient peut-être dit : « Ce » pauvre Thierry »! et ce serait fini par là; mais M. de M***, si jeune, qui a une mère et une famille qui l'aiment tant! Et cette pauvre demoiselle Aniéla, elle pleure tout le jour, elle me fend le cœur.

Elle m'a prié de ne pas la quitter. Moi la quitter ! tant qu'il restera une goutte de sang dans les veines du vieux Thierry, il la défendra comme son enfant.

Pourquoi mon lieutenant ne m'a-t-il pas permis de le suivre l'autre jour ! ah ! si j'avais été là, on ne l'aurait pas approché ; je l'aurais défendu, j'aurais si volontiers donné ma vie pour lui, je l'expose bien depuis trente ans je ne sais pourquoi.

Le matin de la bataille, je vis mon lieutenant préparer son cheval et ses pistolets. Je demandai à le suivre, car je ne le quitte jamais, surtout devant le canon. Il me dit qu'il me laissait près de mademoiselle Aniéla et qu'il reviendrait le soir. Le reste de notre régiment venait de passer à l'instant, et le brave M. Alfred n'avait pu résister à la vue de ses camarades qui marchaient sans lui au combat. Sa blessure était presque guérie, et il partit pour rejoindre le régiment. Tout le jour on tirait le canon, il ne m'avait jamais fait cet effet-là, je pensais que je n'étais pas là pour le défendre; et M. Alfred est si brave que c'est toujours à l'endroit le plus périlleux qu'il s'avance. Enfin le soir, j'aperçus son cheval qu'on ramenait. Un voltigeur de la 46ᵉ. était dessus. Je vis tout de suite ce qui en était, et mon pauvre cœur se serra. Ah! madame, je n'ai jamais aimé personne autant que M. Alfred.

Je demandai au voltigeur où il avait pris ce cheval, mais il était tellement faible qu'il ne put me répondre. Je le conduisis à l'ambulance, je pris le cheval de mon brave lieutenant : il faut que je l'aille chercher ; je me mets à courir de tous côtés en l'appelant, je m'avance trop et je me trouve à dix pas des cosaques; ça m'est égal, je les connais depuis longtemps, je ne les crains pas, et puis je ne pense qu'à trouver mon lieutenant, mais je ne l'ai pas vu et je suis revenu tristement près de mademoiselle Aniéla; toute la nuit nous l'avons attendu, nous sommes partis les derniers ; nous avons voyagé jusqu'ici au milieu de notre malheureuse armée, je regardais souvent s'il était dans la colonne. Ah ! je l'aurais aperçu, car je ne pensais jamais qu'à lui. Nous voici à Kœnigsberg, hors de danger ; mon Dieu, que j'ai de peine de ne pas voir M. Alfred avec nous ! Nous allons à Berlin , nous retournons en France ; qu'y fera le vieux Thierry ! Ah oui ! madame, je le dis de bien bon cœur, que ne suis-je maintenant à la place de votre fils , que ne peut-il prendre la mienne pour retourner près de vous !

LETTRE XIII.

Madame de M***, au colonel de M***.

Paris, le 16 décembre 1812.

Mon frère, nous avons des nouvelles, mais quelles nouvelles ! Nous venons de recevoir le 29e. bulletin. Dieu ! quel funeste récit, quelle douleur pour toute la France ! Et moi, je n'ai pas de lettres de mon fils. Que sera-t-il devenu au milieu de ces désastres dont les horribles détails sont sûrement encore au-dessous de la vérité ? Hier nous avons reçu ce bulletin désespérant ; toute notre malheureuse armée, l'élite de la France a péri de misère et de faim ; tout le monde est consterné ; je ne connais personne qui ne tremble pour un parent ou un ami. Dieu ! quelle campagne et que pouvait-on espérer en l'entreprenant ! Combien de temps se passera-t-il avant que je reçoive des nouvelles de mon fils? qui sait même si jamais j'en aurai! Je ne puis m'empêcher de me livrer aux plus tristes pensées; il me semble voir mon malheureux fils luttant contre la mort et prononçant le nom de sa mère; qui aura été près de lui pour calmer l'horreur de ses derniers instans? Hélas! peut-être les plaintes de sa voix mourante se perdront-elles dans l'affreuse solitude, peut-être l'indifférence verra-t-elle d'un œil sec les souffrances de mon fils expirant. O mon frère! venez auprès de nous, je ne puis bannir ces tristes idées, mais du moins je pourrai parler de mon fils avec vous; venez, votre présence m'est bien nécessaire.

LETTRE XIV.

Adelaïde de M*†* à Louise de B***.

Paris, le 30 janvier 1813

Louise, l'affreuse vérité succède aux tourmens de l'incertitude; nous venons de recevoir des nouvelles, je n'ai plus de frère.... O ma chère Louise, quelle douleur pour ton amie! Voici la première fois que j'éprouve un grand chagrin. Dieu! que toutes les expressions me semblent froides pour te peindre ma douleur! Hier nous avons reçu les dernières lettres d'Alfred, il semblait prévoir son triste sort; il nous disait adieu. Ah! pourquoi s'est-il laissé entraîner par son généreux dévouement? Il pouvait ne pas prendre part au funeste combat dont il a été victime.

Aniéla et Thierry nous donnent des détails sur son malheur; hélas! nous ne pouvons plus en douter. Un soldat a ramené le cheval qu'il montait, et depuis ce moment, mon frère n'a pas reparu. Le bon Thierry le regrette comme son fils. Pauvre Alfred ! tout le monde l'aimait.

Aniéla va arriver; mais le jour où je la verrai, je me dirai : Aujourd'hui j'aurais embrassé mon frère si son courage ne l'avait pas entraîné. Qualité funeste! Fatale vocation pour le métier des armes. Ah! pourquoi mon frère est-il parti? Pourquoi n'a-t-il pas écouté sa mère et sa sœur? Je me rappelle le jour de son départ. Je vois encore l'endroit de l'avenue d'où nos yeux le suivaient. Et lorsque par un signe de sa main il nous dit un dernier adieu, quand il disparut, je me rappelle le serrement de cœur que j'éprouvai. Louise, je venais de voir mon frère pour la dernière fois.

Et depuis ce jour, il nous a écrit : il nous parlait de son retour ; cette idée lui souriait comme à nous. Ses espérances et les nôtres ont été déçues. Pauvre frère ! il est perdu pour nous. Ma mère et moi nous passons les jours entiers à nous désespérer. Nous relisons sans cesse les dernières lettres de mon frère. Cette description des tourmens de tous genres dont il est témoin, nous arrache des larmes; peut-être, hélas ! lui-même y a-t-il succombé. Les dernières lignes qu'il a écrites mettent le comble à notre douleur. Ce journal interrompu, cette phrase commencée, que la mort semble l'avoir empêché de terminer ! Ah ! ma chère Louise, tu partageras mon affliction ; mais n'essaie pas de la dissiper. Plains ton amie, mais laisse-lui la triste consolation de pleurer.

LETTRE XV.

Le colonel de M***, à madame de M***, sa belle-sœur.

Du château de M***. le 18 janvier 1818.

O ma sœur! quel chagrin était réservé à mes vieux jours! Quoi! nous l'avons perdu, nous en avons l'affreuse certitude! J'ai lu les lettres que vous m'envoyez; j'ai été obligé de m'arrêter plusieurs fois. Je me croyais plus de fermeté. Oh! oui, j'en ai eu pour supporter des malheurs personnels; mais comment ne pas être accablé par ma douleur et la vôtre! Pauvre Alfred, c'est son trop grand courage qui l'a perdu. Pourquoi faut-il que cette noble qualité, qui faisait mon orgueil, soit aujourd'hui la cause de ma peine?

Me pardonnerez-vous, ma sœur? c'est moi qui ai fait naître dans son cœur le goût de la fatale carrière qu'il avait embrassée ; c'est moi qui, dès son enfance, mettais un sabre dans ses mains, qui lui donnai des chevaux, et qui l'entourai du faux éclat dont brille notre métier. Pardonnez-moi, ma sœur ! oh ! pardonnez-moi, j'en suis bien assez puni dans mes vieux ans.

La lettre de Thierry m'a vivement touché ; il n'a pas su adoucir la vérité ; mais combien de bonté règne dans la lettre simple et naturelle du vieux soldat ! Le brave, j'en suis bien sûr, il eût donné sa vie pour celle de mon neveu. Non, maintenant je ne demande plus à vivre, j'ai perdu ma plus chère affection. Ma sœur, je pars à l'instant pour aller vous rejoindre, nous avons tous deux besoin de pleurer ensemble.

LETTRE XVI.

Madame de M***, à Aniéla.

Paris, le 19 janvier 1813.

Partez, ma chère enfant, venez auprès de moi ; oui, je serai votre mère, et vous aurez un asile dans mes bras. Vous me parlerez de mon fils, il nous est également cher à toutes deux, et nous tenions les premières places dans son cœur. Venez, ma fille, venez dans les bras de votre nouvelle mère ; vous voir, est le seul bonheur qu'elle puisse encore espérer. Et vous aussi, vous connaissez le malheur. Ah ! si ma tendresse peut vous dédommager des pertes que vous avez faites, soyez-en sûre, j'aurai pour vous celle de la meilleure des mères. Venez promptement, je sens le besoin d'embrasser l'amie de mon malheureux fils. Témoignez, je vous prie, au brave

Thierry, toute ma reconnaissance; dites-lui bien qu'il est à jamais cher à toute ma famille, et que nous voulons prendre soin de lui; mon frère a obtenu son congé, qu'il revienne avec vous. Je vous envoie des lettres pour un banquier de Berlin; servez-vous de mon crédit, regardez-moi comme votre mère. Adieu, mon enfant; l'expression de mes sentimens dans une langue qui vous est encore étrangère, parviendra pourtant jusqu'à votre cœur; les âmes sensibles vont au-devant de la tendresse, et vous aurez compris combien je vous aime.

LETTRE XVII.

Adélaïde à Louise.

Au château de M***, le 23 avril 1813.

Aniéla est arrivée ; j'ai embrassé ma nouvelle sœur. Avec quelle impatience je l'attendais ; combien je l'aimais déjà ; combien je l'aime davantage depuis que je l'ai vue ! Ma mère la serrait dans ses bras avec la même tendresse que si elle eût été sa fille. Cette première entrevue avait l'air du retour désiré d'un enfant chéri. Voilà quatre jours qu'elle est avec nous, et déjà je l'aime comme une amie de mon enfance. Ah ! si j'avais une sœur, je ne pourrais lui accorder d'autre sentiment que celui qu'Aniéla m'inspire déjà. Elle nous parle souvent d'Alfred ; nous écoutons des détails qui nous font pleurer, et nous en demandons encore. Aniéla raconte avec tant de charmes tous les traits qui peignent si bien le cœur de mon frère ! Son courage dans les dangers ; sa douleur à la vue des maux de ses compatriotes ; ses tendres attentions pour sa faible compagne. Quelquefois il me semble qu'il est impossible que Dieu n'ait pas protégé mon frère en faveur de tant de vertus; puis, je pense à toutes les circonstances qui nous donnent la certitude de notre malheur. Nous parcourons, Aniéla et moi, le jardin où si souvent je me promenai avec Alfred. Je me plais à lui montrer chaque lieu qui me retrace quelque souvenir de mon frère. Nous avons été voir la grotte qui porte son nom. Tu connais les deux acacias au bord du ruisseau; tu sais qu'au retour de l'émigration, Alfred et moi les avions plantés le jour de la fête de notre père. Dès notre enfance, dans les premiers beaux jours de chaque année, mon frère et moi nous allions voir nos jeunes arbres qui grandissaient avec nous. J'ai voulu mener Aniéla dans ce lieu témoin des premiers plaisirs de notre jeune âge. Mais quelle a été ma douleur ? le printemps n'a pas ranimé l'arbre de mon frère. Avec quelle tristesse nous avons regardé ces rameaux desséchés, qui semblent conserver le deuil au milieu de la verdure qui les environne. Ma chère Louise, cet effet si simple du hasard nous a fait cependant bien de la peine.

Je cherche à m'entourer de tout ce qui me rappelle mon frère. Ces souvenirs m'attristent, et cependant ils ont un charme pour moi. Je serais fâchée de voir cesser mes regrets, et d'oublier la douleur qui m'accable. Aniéla a comme nous des pertes à pleurer. Elle a rapporté de Russie les portraits de sa famille ; elle contemple souvent avec émotion les traits chéris de sa mère. Pauvre amie, je voudrais que notre tendresse ne lui laissât rien à désirer ; et cependant pouvons-nous lui faire oublier ceux qu'elle avait aimés jusqu'à présent. Louise, ma chère Louise, je suis très-malheureuse. Il me reste encore de bien bonnes amies ; mais je ne puis vivre un instant sans penser à celui que nous avons perdu.

Le 24 avril.

Cette triste lettre n'a pu partir hier. Nous avons reçu un billet du régiment d'Alfred ; j'ai tremblé quand on l'a apporté ; j'avais aperçu le timbre de la garnison de mon frère ; je me doutais de ce que contenait la lettre, et j'ai embrassé ma mère pour l'empêcher d'en achever la lecture. Ma chère Louise, je l'avais deviné, c'était la nouvelle officielle du malheur que nous pleurons. J'ai pris ce papier fatal ; un mot que je n'ai pas encore osé prononcer, ce mot y était plusieurs fois répété ; on nous annonçait le plus grand des malheurs sans le moindre ménagement. Depuis un mois la même pensée nous occupe ; mais jamais elle ne s'était offerte à nous sous un si cruel aspect.

Ce matin j'ai trouvé des habits de deuil sur mon lit. Aniéla, à qui j'avais caché la lettre d'hier, s'est jetée en pleurant dans mes bras à la vue de ce triste vêtement. Nous sommes descendues chez ma mère : quel spectacle que celui de l'intérieur de notre famille!

LETTRE XVIII.

Madame de M***, au colonel de M***.

Paris, le 17 mai 1813.

Je suis venue ce matin à Paris, mon frère ; je croyais que le voyage me distrairait, mais la même pensée me poursuit partout. Tout me rappelle mon fils : cette route, je l'ai si souvent parcourue avec lui ! Le séjour de Paris est loin de pouvoir dissiper mes chagrins ; je n'y vois que des mères désolées comme moi, ou inquiètes comme je l'ai été si long-temps. Je retourne demain à la campagne ; je préfère encore la solitude à la tristesse contrainte qui règne dans tous les cercles de Paris.

J'ai passé la soirée chez madame de St.*** ; je ne l'avais pas vue depuis son malheur ; je ne lui ai pas parlé de son mari ; elle ne m'a pas parlé de mon fils ; nous nous sommes embrassées en pleurant et sans nous rien dire... La jeune madame D*** est entrée après moi : son mari était aide-de-camp du général St.*** ; comme lui il a péri dans cette campagne. Adélaïde est allée au-devant de son amie ; elles se sont approchées de nous ; tout le monde s'est assis ; mais le plus profond silence a régné ; une phrase indifférente eût été déplacée , et personne n'osait commencer une conversation qui allait toutes nous émouvoir.

Ce silence était la plus grande preuve d'intérêt que nous pussions mutuellement nous donner : que dire à quelqu'un qui déplore un malheur irréparable ?

Je contemplais ce cercle de femmes désolées ; toutes étaient en deuil excepté moi. Il me semblait injuste, l'usage qui veut qu'une mère ne porte pas le deuil de son enfant. Quelle douleur, me disais-je, peut-on comparer à celle-là ! et j'enviais la robe de ma fille.

Madame de St.*** dit quelques mots à Aniéla, mais sa voix tremblait; et ce fut vainement qu'elle chercha à rendre la conversation générale. Ce hasard, qui avait rassemblé des femmes, qui toutes avaient un malheur à déplorer, nous faisait faire à toutes de tristes réflexions. Je me rappelai que l'année passée madame de St.*** avait donné une fête dans cet appartement. Tous ceux dont on portait le deuil maintenant, y avaient été rassemblés : ce triste rapprochement fit couler mes larmes.

On annonça un jeune officier, que je me rappelai avoir vu dans cette maison. Il revenait de Moskou; il portait un bras en écharpe; sa pâleur et son abattement me frappèrent. On ne peut savoir mauvais gré aux malheureux, du besoin qu'ils éprouvent de raconter ce qu'ils ont souffert. L'intérêt qu'inspire leur récit est un bien faible dédommagement de leurs maux; mais les jeunes militaires poussent quelquefois trop loin ce désir d'intéresser. Ce jeune homme s'empressa de faire à quelques personnes qui l'entouraient le récit des souffrances de l'armée. Il ne voyait pas le mal que nous faisaient ses paroles. Il me devint à la fin impossible de l'écouter plus long-temps; je me levai et je partis déterminée à m'éloigner de cette ville, où les caractères légers peuvent se consoler plus facilement qu'ailleurs; mais où les âmes sensibles ne trouvent pas toujours ces attentions délicates que les malheureux ont le droit d'exiger de ceux qui les entourent.

Je pars demain pour la campagne avec ma fille et Aniéla ; elles seules savent ménager ma douleur; ma fille connaît le cœur de sa mère; elle sait quelle pensée il faut en écarter, quelle autre peut y verser quelque consolation ? Aniéla aussi cherche à calmer mes chagrins; chaque jour je l'aime davantage ! Dieu ! que j'aurais été heureuse de la voir unie à mon fils ! Mais je ne veux plus penser à ce bonheur qui m'est ravi ; je veux tâcher de trouver des consolations dans la tendresse de ceux que le ciel m'a conservés.

LETTRE XIX.

Adélaïde de M***, à Louise de B***

Du château de M***., le 20 mia 1813.

Hier je me promenais avec Aniéla dans les environs du château. Ce paysage charmant, cette prairie qui semblait si riante à mes yeux, cette belle rivière, tous ces objets n'ont plus d'attraits pour moi. Ma tristesse a jeté un voile sur tout ce qui me plaisait autrefois. Je ne puis faire un pas dans ces lieux où s'est passée notre enfance, sans retrouver de douloureux souvenirs.

J'ai mené Aniéla voir notre bonne nourrice. Lise, sa fille aînée, m'a reçue à l'entrée de la ferme. Mais ce n'étaient plus ces transports avec lesquels on nous accueillait chaque année à notre première visite. Les enfans de Marguerite ne couraient plus lui annoncer, avec des cris de

joie, que mademoiselle Adélaïde était là. Je retrouvai la même amitié, mais le bonheur semblait ne plus habiter cet asile. J'embrassai la jolie petite Lise, la pauvre enfant pleurait : sa douleur me toucha ; je croyais que notre malheur faisait couler ses larmes. Sa mère était venue au-devant de moi ; elle m'avait prise dans ses bras, mais elle pleurait aussi. « Bonne Marguerite, lui dis-je, pour-
» quoi n'êtes-vous pas encore venue em-
» brasser votre fille Adélaïde »? — « Ah!
» mademoiselle, me dit la pauvre femme,
» avant-hier je voulais aller au château ;
» mais je vous ai aperçue, et votre habit
» noir m'a arrêtée. Je vous regardais à
» travers la charmille ; vous aviez l'air si
» triste que je me suis mise à pleurer, et
» que je n'ai pas osé m'approcher. J'ai
» demandé s'il était arrivé quelque mal-
» heur, et j'ai appris..... Le pauvre en-
» fant! j'ai pourtant bien prié le bon Dieu
» pour lui, quand cet hiver tout le monde
» était si inquiet de notre armée !......

« Et moi aussi, mademoiselle, j'ai
» perdu mon fils! ô mon Dieu, oui, ils
» l'avaient fait partir l'an passé, et voilà
» un mois qu'il est revenu blessé pour
» mourir chez sa mère. Tenez, made-
» moiselle, le voilà encore, ce vilain fusil
» qu'ils avaient fait prendre de force à
» mon pauvre enfant »!.... Marguerite
fondit en larmes; Lise et ses deux petites
sœurs vinrent se jeter en pleurant dans
les bras de leur mère. Ah! si les conqué-
rans abaissaient quelquefois leurs regards
jusqu'à l'humble chaumière, ne seraient-
ils pas touchés des maux qu'ils causent?

« Oui, mademoiselle, continua Mar-
» guerite, j'ai perdu mon bon fils. Il était
» parti au mois de février de l'an passé.
» Tant que le pauvre enfant put nous
» écrire, nous recevions une lettre de lui
» tous les quinze jours; mais quand il
» fut arrivé dans ce triste pays, cela ne
» fut plus possible. Je restai six mois sans
» recevoir de nouvelles. J'entendais dire
» à tout le monde que l'armée était per-

» due; je pensais que je ne reverrais ja-
» mais mon fils; et voilà qu'un soir, nous
» étions à parler de lui, j'entends frapper
» doucement à la porte; je vais ouvrir,
» je vois mon pauvre enfant, pâle, faible
» et se soutenant sur son fusil. On l'avait
» amené de la ville sur une voiture. Ses
» sœurs et moi nous prîmes notre bon
» Jacques dans nos bras, et nous le por-
» tâmes dans notre maison. O mademoi-
» selle, nous l'avons bien soigné; mais il
» était trop tard, il y avait trois mois qu'il
» aurait eu besoin des soins de sa mère.
» Mon pauvre enfant mourut dans mes
» bras!.... Depuis que j'ai perdu mon
» fils, je ne désirais plus que revoir M.
» Alfred, et hier j'apprends qu'on n'a pas
» de nouvelles de lui. Ah mademoiselle;
» si vous saviez quelle désolation dans le
» pays! Ma sœur n'a pas non plus de let-
» tres de ses deux fils. De quatorze jeunes
» gens qui sont partis l'année passée, il
» n'est revenu au village que mon pauvre
» Jacques. Et maintenant les voilà encore,

» ces gendarmes qui viennent nous enle-
» ver les enfans qui nous restent ».

Je regardai par la fenêtre; dans ce moment le sort venait de désigner de nouvelles victimes. Une vingtaine de jeunes gens, dont les chapeaux étaient garnis de rubans, traversaient la prairie. Les uns marchaient tristement; d'autres, voulant cacher leur douleur sous l'apparence de la gaîté, criaient: Vive l'Empereur! mais d'une voix mal assurée. Une foule de parens les suivait; les mères, les vieillards, qui voyaient partir leurs fils, avaient les yeux baignés de larmes. Je remarquai parmi les conscrits un jeune homme, qui de tous paraissait le plus affecté; son vieux père le tenait sous le bras, tous deux semblaient se dire qu'ils ne se reverraient jamais.

Lise était auprès de moi lorsque la troupe passa devant la ferme; le jeune homme la regarda, ses yeux semblaient lui dire un éternel adieu. Lise resta à la fenêtre tant qu'elle put apercevoir les conscrits. Mais quand ils eurent passé le pont, quand le son lointain du tambour cessa de se faire entendre, la pauvre Lise se retira en pleurant. Elle semblait avoir dit pour toujours adieu au bonheur !

Et pour qui tant de sacrifices ? qui cause ces larmes et le deuil qui règnent dans toutes les familles ? est-ce pour défendre les champs de la patrie que tant de bras sont arrachés à leur culture ? Non, c'est pour aller porter dans d'autres contrées des maux semblables à ceux qui règnent parmi nous. Ah, malheureux Français, réprimez ces cris d'allégresse. Quatorze jeunes gens enlevés à notre pauvre village ! et quand je pense que c'est de même dans toute la France, et qu'il n'est pas une chaumière qui n'ait à pleurer un parent ou un ami !

LE PRISONNIER

EN RUSSIE.

SECONDE PARTIE.

SECONDE PARTIE.

Quinze mois s'étaient écoulés; les regrets de cette famille infortunée étaient encore aussi vifs qu'aux premiers jours. Cette année de calamités devait plutôt ajouter aux chagrins qu'en adoucir l'amertume. La France, l'Europe entière étaient dans le deuil. Les batailles succédaient aux batailles; les peuples semblaient altérés de vengeance et de sang. L'hiver avait causé nos malheurs; le printemps ramène les combats; la valeur redevient l'arbitre du sort de la guerre, nous sommes vainqueurs.

Nous repoussons loin de nos frontières ceux qui avaient cru qu'il est possible de vaincre les Français à nombre égal. Les immortelles journées de Lutzen et de Bautzen, prouvent à l'Univers que les désastres de Moskou ne devaient être attribués qu'aux rigueurs du climat, et que nous sommes encore ce que nous avons été.

L'armistice de Dresde est conclu ; les peuples respirent un moment ; ils croient voir finir une guerre longue et cruelle ; vain espoir, il faut encore que des torrens de sang coulent avant que le monde puisse goûter quelque repos. La guerre recommence ; nous étions invincibles ; le nombre nous accable ; l'Europe entière est conjurée contre nous ; des millions de soldats inondent nos campagnes ; la France épuisée fait encore de derniers efforts ; l'ennemi reconnaît à Château-Thierry, à Champ-Aubert à Montereau, les soldats d'Austerlitz. Il va renoncer au dessein qu'il a formé ; il délibère s'il quittera la terre des héros ; mais bientôt un espoir qui naît dans le cœur de tous les Français est plus puissant que ses armes. La France appelle son roi ; elle ne voit plus d'ennemis ; elle ne voit plus que ceux qui lui ramènent son souverain désiré; les armes qu'elle avait prises pour défendre son indépendance, tombent devant les fils de Henri IV. Honneur aux Bourbons; l'amour qu'ils inspirent a vaincu les vainqueurs du monde.

Déjà Paris a revu le frère de son auguste monarque. La France oublie ses malheurs; les mères essuient leurs larmes pour regarder ce prince qui ramène la paix.

Madame de M*** était du nombre de celles qui ne pouvaient plus se réjouir pour elles-mêmes; la guerre lui avait enlevé tout ce qu'elle aimait, et la paix ne pouvait plus lui assurer l'existence de l'objet de sa tendresse; mais du moins elle voyait le bonheur renaître en France; elle pensait avec plaisir que d'autres mères, moins à plaindre qu'elle, ne seraient plus exposées aux angoisses qu'elle-même avait si long-temps ressenties.

Quelques jours après l'arrivée des alliés à Paris, la mère d'Alfred se livrait seule au souvenir de son fils. Adélaïde était chez son oncle ; Aniéla, restée à Paris, lisait dans la chambre voisine de celle de madame de M***. Tout à coup celle-ci entend la voix de sa jeune amie; une vive émotion semble l'agiter, elle se précipite dans la chambre, Aniéla tenait un papier qu'elle baignait de ses larmes. Madame de M*** a reconnu l'écriture de son fils. Alfred existe; un écrit de sa main est dans celles d'Aniéla; un officier vient de l'apporter ; la nouvelle se répand dans la maison ; tout le monde est ivre de joie. Thierry accourt; le vieux soldat pleure comme un enfant. Madame de M*** veut faire prévenir sur-le-champ sa fille et son frère; elle écrit à la hâte; Thierry doit porter la lettre; il monte à cheval; dans une heure il sera arrivé; dans une heure cette nouvelle va faire deux heureux de plus, et madame de M*** en compte tous les instans.

LETTRE XX.

Madame de M***, à son beau-frère.

Le 8 avril 1814.

Nous venons de recevoir des nouvelles d'Alfred ; Adélaïde, ton frère existe, viens ma fille, viens dans les bras de ton heureuse mère ; dans deux heures vous serez ici ; le bonheur doit nous rassembler comme la peine. Partez à l'instant, je ne puis vous écrire plus longuement, un journal de mon fils est dans mes mains, et je ne l'ai pas encore lu..

JOURNAL D'ALFRED.

Ce journal commence à l'époque où Alfred quitte Aniéla.

Le premier janvier 1813.

Me voici séparé de ce que j'avais de plus cher au monde, prisonnier, exténué de fatigue et ramené dans les affreux climats d'où je me croyais échappé ; qui peut donc retenir en moi le souffle de la vie ? Quel espoir me reste-t-il ? Ne suis-je pas déjà mort pour les miens, et les tristes pensées que je confie au papier, ne seront-elles pas bientôt anéanties avec moi ? Voilà quinze jours que nous marchons avec une escorte ; aujourd'hui pour la première fois, nous nous sommes arrêtés dans un village. Je suis maintenant enfermé, avec quelques compagnons d'infortune, dans une misérable chaumière.

Je n'ai plus d'espérance, mon âme est en proie aux plus affreuses pensées; je vais quitter à vingt ans une vie que le bonheur devait embellir.

Et vous, ma mère, que faites vous en ce moment? Vous pleurez déjà votre fils et cependant il existe encore; il existe, mais ce n'est plus que pour gémir; bientôt il ne sera plus, ces lignes tracées dans le désert rentreront dans le néant sans avoir consolé votre cœur.

Je n'ose même invoquer votre nom; l'idée de vous parler sans que jamais vous puissiez m'entendre, redouble ma douleur; ces dernières pensées, je les adresse à celui qui peut-être trouvera ce journal quand je ne serai plus. Peut-être le vent du nord qui aura glacé mon sang, portera ces feuilles aux pieds d'un Français; puisse-t-il être plus heureux que moi, revoir le beau ciel de la France! puisse-t-il apporter à ma mère l'expression des derniers sentimens de son fils! qu'il dise qu'au moment de mourir j'oubliais mes

souffrances pour ne penser qu'à elle !
qu'il ne craigne pas de faire le récit de
mon funeste sort ; de tous les tourmens,
ceux de l'incertitude ne sont-ils pas les
plus terribles ? Il n'est pas de malheur
dont le souvenir ne s'efface, Dieu a permis que les larmes fussent le baume de la
douleur ; quand on en peut verser sur
la mort d'un être chéri, les regrets
d'abord si cuisans, ne-laissent plus à la
fin qu'un tendre souvenir de celui qui
n'est plus ; mais quand on n'a pas la certitude du malheur qu'on redoute, le faible
espoir qui reste encore ne calme pas la douleur, ne fait que l'alimenter et la rendre
éternelle ! O ma mère ! ne vous flattez plus
du vain espoir de me retrouver, oubliez-moi et recouvrez le bonheur.

Mais où me laissé-je entraîner? Hélas!
puis-je espérer voir se réaliser ce rêve de
mon imagination, puis-je espérer que
jamais elle lise cet écrit ? Bientôt,
bientôt, je vais mourir loin de ma patrie,
je serai confondu parmi tant de victimes,

et personne ne recueillera la triste histoire de mes derniers momens.

Il y a quinze jours, l'avenir le plus doux me souriait encore, j'étais près d'Aniéla, nous retournions en France, et maintenant je marche au trépas ! Aniéla aura conservé mon journal, mais elle-même que sera-t-elle devenue ? Parmi le tumulte des armes, entourée de tous les dangers, elle m'aura souvent appelé et je n'aurai pu la défendre ! Chère Aniéla, aurais-je dû te quitter ? Je me rappelle l'instant où je m'éloignais de toi ! tu dormais, tu ne pensais pas que je pouvais t'abandonner ! Je me rappelle le dernier regard que je jettai sur tes traits adorés ; qu'il fut douloureux ce combat de l'amour et de l'honneur ! qu'il fut pénible le moment du départ ! mais mon brave régiment était là, mon colonel venait de m'embrasser, mes camarades de me féliciter sur ma décoration, l'armée était en danger, Aniéla, pouvais-je rester près de toi ?

Je partis, bientôt le péril m'entoura, je l'oubliai, je pensais à ton douloureux réveil. Tout le jour le canon grondait ; Aniéla, tu devais trembler, et moi je ne pensais qu'à toi. De quels prodiges je fus témoin ! oui les Français seront toujours les mêmes.

J'étais au milieu de notre infanterie, dans la plaine, tout à coup la cavalerie ennemie fait un mouvement menaçant ; à cette vue les tirailleurs isolés se rassemblent, je reste seul en avant des masses. Je vois un malheureux fantassin blessé et faisant d'inutiles efforts pour rejoindre ses compagnons ; un lancier ennemi l'aperçoit et se détache pour le poursuivre. Le fantassin voit le péril qu'il ne peut plus éviter, il se retourne, il attend la mort de pied ferme ; le sort du brave me touche, je m'approche, je descends de mon cheval, j'y place le blessé, je prends son fusil qui ne pouvait plus le défendre ; mon cheval part....., le Français est sauvé !

Content de l'action que je viens de faire, je sens redoubler mon courage ; le Russe accourait en poussant des cris affreux. Je l'attends sans m'émouvoir ; je l'ajuste, il approche la lance basse, si je le manque je suis perdu, mais je ne le manquerai pas ; à dix pas la balle siffle, le cheval est renversé, le cavalier roule avec lui ; je m'éloigne ; bientôt j'arrive au milieu de notre infanterie, tous les yeux avaient été fixés sur moi, je suis accueilli par des acclamations ! généreux Français, une bonne action vous touche toujours.

J'avais perdu de vue les débris de mon régiment ; le soldat blessé auquel j'avais donné mon cheval, s'était éloigné dans la foule, et je fis de vains efforts pour le retrouver. Je me joignis à notre infanterie et je me mêlai avec nos voltigeurs. C'est surtout de cette partie de nos soldats que l'on doit admirer le courage ; les Français ont l'habitude d'opposer aux tirailleurs ennemis un nombre bien inférieur au leur ; en cette position, chaque soldat est abandonné à sa volonté, c'est sa bravoure seule qui le fait marcher à l'ennemi; sans intérêt, sans espoir d'avancement, sans autre mobile que l'enthousiasme qu'excite chez les Français le cri de guerre de leurs compagnons et le fracas des combats, on voit nos soldats courir au-devant de la mort. Oui ! l'on peut concevoir qu'un officier qui désire se distinguer et obtenir de l'avancement, affronte tous les dangers; mais lorsqu'on voit nos voltigeurs, dont la plupart ne peuvent être jamais que simples soldats, chez qui la valeur est trop générale pour être remarquée; lorsqu'on les voit se disputer les postes les plus périlleux, on ne peut expliquer ce courage désintéressé qu'en avouant que ce feu généreux circule dans leurs veines avec le sang français.

Nous combattions à peu de distance de la Bérésina, nous protégions autant qu'il était en notre pouvoir les ponts jetés sur cette rivière ; l'un d'eux était déjà rompu ; déjà quelques boulets ennemis passaient en sifflant sur les têtes de la foule sans armes qui se pressait pour passer sur celui qui subsistait encore. La terreur, ce sentiment plus affreux que les plus grandes souffrances, était empreinte sur les visages de cette multitude sans défense, parmi laquelle on distinguait des femmes et des enfans. A peine un boulet venait-il de jetter sur la neige sanglante quelques-uns de ces malheureux, qu'un autre plus terrible encore dans ses effets, lui succédait et venait ajouter une horreur nouvelle à l'horreur qu'avait inspiré le premier à cette foule muette et tremblante.

Bientôt l'épouvante fut à son comble; tout le monde se pressa sur le pont ; combien de malheureux y trouvèrent le trépas ; les uns écrasés par les roues des canons, d'autres jetés dans les flots glacés de la Bérésina ; je combattais à peu de distance, j'entendais les cris de ces infortunés. Ah! combien je m'applaudissais d'avoir fait passer Aniéla dès la veille sur ce pont devenu si fatal. De quels dangers je l'avais sauvée ! Bientôt j'aperçus des flammes s'élever, la nécessité venait d'ordonner d'arrêter l'ennemi en mettant le feu au pont.

Cependant le combat continuait avec acharnement, l'ennemi nous accablait par le nombre, et nos tirailleurs étaient obligés de reculer. En repassant sur les lieux où je venais de combattre, un bien triste spectacle s'offrit à mes regards; plusieurs blessés étaient couchés sur la neige et nous suppliaient de les emporter; hélas ! il n'était plus en notre pouvoir d'accorder ce secours à l'humanité; l'ennemi avançait rapidement et nous ne pouvions songer qu'à faire usage de nos armes. Un de ces blessés s'adressa à moi; c'était un jeune voltigeur qui n'avait plus la force de se relever : « Mon officier, » me dit-il d'une voix affaiblie, ah ! faites » nous transporter ». Je ne pouvais donner à ces malheureux que de vaines consolations, je ne pouvais m'arrêter auprès d'eux. Nous continuions à nous retirer devant le nombre, nous retournant par fois pour tirer quelques coups de fusil; je m'éloignai donc de ces blessés qui m'avaient imploré, et je reconnus de loin la voix mourante du jeune soldat : « Ah! » disait-il, ne sommes-nous donc plus » maintenant ces mêmes voltigeurs aux- » quels on disait encore ce matin : en » avant ! en avant ! mes amis..... » Ces paroles, je crois les entendre encore, cette voix touchante du brave si mal récompensé, sera toujours présente à ma mémoire. Oui ! ce sont les mêmes soldats dont la valeur nous a fait un passage, ce sont eux que nous sommes forcés de laisser étendus sur la neige. Aucuns moyens n'ont été assurés pour adoucir le sort du courage malheureux, et nous sommes ingrats malgré nous. Quelle guerre !

L'ennemi faisait de rapides progrès, nous étions repoussés jusqu'au milieu d'un grand bois de sapins où se trouvait la jeune garde. Les intrépides Polonais, forcés comme nous de céder au nombre, se retiraient lentement avec notre infanterie. Déjà la jeune garde, la seule réserve qui se trouvât sur ce point, commençait à s'engager. Les Russes s'approchaient à grands pas, mais les cuirassiers parurent et tout changea de face.

Le 4e. et le 7e. régiment s'avancèrent à travers les sapins dont les branches élevées ne gênaient pas leurs mouvemens; ils s'avancaient avec le calme de la valeur; le plus profond silence régnait dans ces rangs revêtus d'acier resplendissant. Bientôt la voix des chefs donna un libre essor à leur courage; ils chargèrent.... et bientôt nous les perdîmes de vue à travers les arbres de la forêt, n'entendant plus que les cris lointains des fuyards éperdus.

Rien n'est entraînant comme une charge de cavalerie; c'est là que le courage donne à l'âme un élan vraiment sublime ; sans doute il faut plus de courage encore pour rester exposé sans mouvement aux effets du boulet, mais ce n'est qu'au milieu du tumulte d'une charge, que le cœur éprouve l'enthousiasme de la valeur et l'ivresse de la victoire.

Bientôt nous vîmes revenir les prisonniers faits par les cuirassiers qui avaient décidé du sort de l'armée. La nuit termina le combat; le canon qui avait tonné toute la journée, cessa de se faire entendre.

Je partis, je suivis notre armée jusqu'à l'endroit où elle s'arrêta. Je m'approche des bivouacs, je cherche Aniéla, j'appelle Thierry, mais c'est en vain, ma voix se mêle à mille autres. Le soir d'une bataille chaque soldat cherche son compagnon ; on appelle un ami qui souvent ne peut plus répondre.

Je trouve un asile près d'un bivouac de dragons, je veux attendre le jour : peut-être reconnaîtrai-je plus facilement le traîneau d'Aniéla. Au point du jour je me lève, je parcours les bivouacs, mais ils sont si nombreux et s'étendent si loin que mes recherches sont vaines. Je suis la colonne, tout est confondu, il n'est plus de rang, il n'est plus de grades, le malheur nous rend tous égaux, chacun marche comme il peut. Je regarde partout, mais je ne vois point le traîneau, je ne vois point les traits chéris d'Aniéla ; partout des blessés, partout des malheureux mourant de faim. Bientôt moi-même j'aurai le même sort, il me reste encore un peu de pain dont Thierry avait eu soin de me munir le matin du jour funeste ; mais bientôt il ne me restera rien, il faudra mourir !

Pendant tout le jour je marche sans trouver le traîneau ; le lendemain je m'éveille, on m'a volé ma pelisse pendant mon sommeil, et le froid est plus terrible que jamais ; je me couvre d'un manteau de soldat, pensant avec peine que je serai plus difficile à reconnaître dans la foule.

Je marche, n'espérant plus qu'en Dieu. Pour comble de maux, mes pieds peu accoutumés à la marche s'entament, et chaque pas que je fais est un supplice affreux. A tant de souffrances se joignaient celles que le froid me faisait éprouver. Ce froid excessif, dont on ne peut se faire une idée lorsqu'on ne l'a pas éprouvé, et dont les douleurs sont aussi vives que celles que fait ressentir l'action du feu; ce froid terrible pénétrait mes vêtemens et engourdissait mes membres. L'air semblait plus dense et plus difficile à traverser; la résistance de cette atmosphère glacée était un obstacle de plus à mes pas. Je ne puis concevoir maintenant où j'ai pris assez de forces pour supporter tant de misère. Je me levais avant le jour pour suppléer à la lenteur de mes pas, je partais toujours avec les premiers qui se mettaient en marche. Bientôt j'étais atteint par la foule, je ne pouvais avancer que lentement, je tombais à chaque moment sur le verglas; mes mains, dans mes chutes continuelles, glissaient à découvert sur la neige durcie; à peine étaient-elles réchauffées sous mon manteau que je tombais de nouveau. J'embarrassais la marche de ceux qui me suivaient, on me reprochait avec dureté de me traîner encore et d'arrêter les autres; personne n'encourageait son voisin, personne ne plaignait sa misère, on ne pensait qu'à soi, qu'à ses propres tourmens.

Bientôt le soir arrivait, c'était le moment le plus triste de la journée; dans ces affreux climats, le soleil d'hiver ne s'élève que très-peu au-dessus de l'horizon; à midi, les ombres s'allongent dans la plaine comme le soir en France. C'était surtout quand les derniers rayons de ce soleil de glace éclairaient ce tableau funeste, que redoublait l'horreur qu'il inspirait. Quand on arrivait sur une hauteur, on apercevait au loin la colonne comme une longue ligne noire au milieu des plaines de neige; le calme de la solitude régnait parmi tant de milliers d'hommes, ils semblaient anticiper sur le silence de la mort qui bientôt allait les atteindre, et dont la pensée les absorbait.

A chaque pas, je voyais tomber un Français ; à chaque pas, les terribles effets de la faim s'offraient à mes regards, comme pour me donner le spectacle de la mort qui m'attendait.

Souvent à la chute du jour, des cris se faisaient entendre derrière moi. Quelques malheureux sans armes, s'efforçant de hâter leur course chancelante, m'annonçaient l'approche de l'ennemi. Bientôt ce mouvement se communiquait à toute la colonne; les traîneaux qui portaient des blessés, les soldats isolés, cette foule privée de chefs, tout fuyait à côté de moi qui pouvais à peine me traîner. Je m'arrêtais, je tirais mon sabre, j'abordais le premier soldat armé que je rencontrais. « Français, lui disais-je, fuirons-nous » honteusement devant une poignée de » ces Cosaques que nous avons fait fuir si » souvent? Désunis, nous sommes per-

» dus. Rassemblons nous compagnons; » montrons que nous sommes encore » Français ».

A ces paroles on s'arrêtait, on m'entourait ; vous eussiez vu des malheureux mourant de faim et de froid, relever leur tête couverte de glaçons, et lancer encore des regards pleins de courage et de fierté. Quelle douleur de voir un peuple si brave en proie à des maux contre lesquels la valeur ne peut rien !

En peu d'instans je voyais se grossir ma troupe ; le vieux grenadier, le jeune soldat qui se soutenait à peine, et qui retrouvait des forces pour combattre, venaient se ranger parmi nous ; les paroles d'encouragement étaient inutiles. On attendait sans crainte l'approche de l'ennemi ; bientôt des cris affreux nous l'annonçaient, une foule immense de cavaliers accourait, nous les laissions approcher ; une grêle de balles les accueillait, et leur fuite obscurcissait la plaine.

Nous l'avons prouvé même dans notre retraite, la bravoure n'a jamais abandonné les Français ; le froid, la faim ont été seules causes de nos revers, et nous ne reconnaissons pas d'autres vainqueurs.

Presque tous les soirs, à la même heure, j'étais obligé de soutenir de semblables combats. Ne pouvant marcher aussi vite que le reste de l'armée, je me trouvais toujours à la fin de la colonne, j'étais obligé de passer la nuit en plein air, et je n'avais plus de fourrures pour me garantir. L'armée rencontrait-elle un village sur la route, ne pouvant jamais arriver qu'un des derniers, je trouvais toutes les maisons occupées, et j'en étais repoussé par les soldats qui y étaient entassés.

Je n'avais pas assez de forces pour couper du bois et allumer du feu, je me traînais de bivouac en bivouac, suppliant les soldats de me laisser approcher de leurs feux ; essuyant partout des refus, il m'arrivait par bonheur de rencontrer quelques-uns des soldats que j'avais ralliés au moment du *hourra* des Cosaques Ils reconnaissaient l'officier de hussards qui les avait commandés, ils me faisaient approcher. C'est à leur pitié que je dois mon existence ; sans leur secours je serais infailliblement gelé pendant ces nuits terribles. Mais, hélas ! ils n'ont fait que reculer l'instant de ma mort ; bientôt je vais partager le sort de mes compagnons. Le convoi de prisonniers dont je fais partie était composé de trente hommes il y a huit jours, et nous ne sommes plus que quatorze aujourd'hui. Que n'ai-je déjà suivi les malheureux que nous avons perdus ! la mort n'est-elle pas préférable aux maux que j'endure ?

Je veux continuer ce journal ; sûrement il ne sera jamais lu de personne, mais c'est la seule consolation qui me reste. Ceux qui m'ont fait prisonnier m'ont entièrement dépouillé, ils ne m'ont laissé que ce triste manuscrit et une petite écritoire de poche qu'Adélaïde m'avait donnée autrefois; excepté cette bagatelle, qui me devient bien chère, il ne me reste plus rien qui vienne de France : les dernières lettres de ma mère m'ont été enlevées avec mon uniforme qu'ils m'ont aussi arraché; je suis couvert de haillons que les paysans m'ont donnés par charité.

Nous marchons sans savoir où l'on nous mène. Jusqu'à présent nous avons passé la nuit en plein air, aujourd'hui nous sommes entassés dans une chaumière de paysan; je veux en profiter pour écrire la suite de mes malheurs.

Eugène, brave et malheureux Eugène, fallait-il que ma vie fût prolongée pour être témoin de tes souffrances et pour pleurer ta perte ! ô mon ami, que ne t'ai-je devancé !

Nous n'avions plus que deux jours pour arriver à Wilna, le froid semblait encore plus terrible que jamais; je marchais la tête baissée, enveloppé dans mon manteau, tâchant de m'épargner la vue des mourans que je ne pouvais secourir. Par hasard je lève les yeux, je vois de loin l'uniforme de mon régiment; Eugène, c'était toi! et je t'ai d'abord reconnu. Malgré la douleur aiguë que chaque pas me fait éprouver, je tâche de courir pour rejoindre mon ami, je ne pensais alors qu'au bonheur de l'embrasser, qu'à l'espoir de nous consoler mutuellement. J'approche, je l'appelle, à peine a-t-il la force de tourner la tête; il me regarde, ses yeux se couvrent de larmes, il m'a reconnu! il voudrait me parler, sa voix s'y refuse, le froid l'a déjà pénétré. Je prends les mains glacées de mon ami, je tâche de les réchauffer de mon haleine, je le presse dans mes bras, mon malheureux ami; je le couvre de mon manteau, mais, hélas! il était trop tard. Dieu! n'étais-je arrivé que pour le voir tomber! le froid avait déjà produit sur lui ses terribles effets. Il chancelle, ses membres se roidissent, il tombe et m'entraîne dans sa chute; sa main, par un mouvement convulsif, saisit fortement mon manteau, elle semble me dire de ne pas l'abandonner dans sa détresse. Eugène, que ne puis-je racheter ta vie au prix de la moitié de la mienne! Cette main qui m'arrête dément sûrement l'intention de ton cœur généreux? oui, si tu pouvais parler, tu me conjurerais de m'éloigner et de craindre ton funeste sort; mais, je veux rester près de toi : puisqu'il faut mourir dans ces affreux climats, trouver la mort à tes côtés n'est-ce pas une consolation?

Je me couche auprès de lui, je lui parle, mais il ne m'entend plus! Jamais le dénûment absolu dans lequel je me trouvais ne me fut plus pénible. Quoi! je n'avais rien pour ranimer les forces de mon ami expirant! Ah! malgré la faim qui me dévore, avec quel plaisir je ferais pour lui le sacrifice de mon dernier morceau de pain! mais, je n'ai rien à lui offrir, rien que les larmes impuissantes de l'amitié!...

Je reste quelques minutes près de son corps inanimé, je voudrais finir ici ma triste destinée, mais mon heure n'était pas encore venue ; le souvenir de tout ce qui m'est cher m'ordonne de vivre et de supporter mes maux avec résignation. Je me relève, je fais à Eugène des adieux qu'il n'entend plus, et je m'éloigne le désespoir dans l'âme.

Je devais marcher de malheurs en malheurs. Ai-je bien pu supporter la vue de tant de misères ? comment mon cœur ne s'est-il pas brisé à l'aspect des désastres qui marquèrent l'entrée des Français à Wilna ? Aujourd'hui même je frémis à l'idée de la peinture que je vais en faire.

La désorganisation était à son comble, la vieille garde seule marchait encore avec ordre ; le reste de l'armée ne présentait plus que l'aspect de malheureux prêts à succomber. Le froid était à vingt-sept degrés. On approche de Wilna, de cette ville si désirée, qui doit mettre un terme à nos maux. Le soldat mourant retrouve des forces pour atteindre ce lieu de son salut. On arrive aux portes, on se hâte d'y pénétrer, et cet empressement est la cause de notre perte. Le désordre est tel parmi cette multitude qui n'a d'autre loi que sa volonté ; que bientôt la porte est encombrée ; les caissons, les traîneaux en obstruent le passage, et toute la colonne est arrêtée.

Je marchais à pas lents vers cette ville qui devait me rendre à la vie. Depuis quinze jours la chair de cheval avait été ma seule nourriture, je me félicitais d'avoir pu supporter cet excès de maux, et de voir enfin arriver le moment de mon salut. La même pensée soutenait ceux qui se traînaient avec moi sur la route ; on s'encourageait mutuellement, l'espérance avait fait renaître l'humanité. Un traîneau était près de moi, deux jeunes officiers blessés y étaient couchés, enveloppés dans leurs fourrures. Camarades, leur dis-je, encore quelques instans de courage, nous ne sommes plus qu'à une demi-lieue de Wilna. L'un d'eux, dont la faiblesse était extrême, semblait ne pas ajouter foi à ce discours, il croyait que je voulais lui donner un faux espoir; je m'approchai, il était de mon âge et son sort m'intéressa. L'officier qui était près de lui était son frère, il cherchait à lui faire reprendre courage. Nous l'aidâmes à se lever sur son séant, et il aperçut alors dans un fond, au milieu des brouillards du soir, la ville objet de tous ses vœux. Cette vue le rassura, il me serra la main avec une sensibilité touchante, en me remerciant de ce léger service, et bénit le ciel de ce qu'il mettait un terme à ses tourmens. Hélas! il ne savait pas ce qui l'attendait; moi-même, qui jouissais de l'espérance que je voyais rayonner dans les yeux du malheureux, je ne savais pas qu'il n'entrerait pas dans cette ville dont l'aspect l'avait consolé!

Nous approchons de Wilna, nous ne sommes plus qu'à peu de distance de ses portes; mais un horrible encombrement s'oppose à notre passage, il est également impossible d'avancer et de reculer. Les chevaux, saisis par le froid, tombent avec leurs conducteurs, et pendant un quart de lieue la route est couverte de voitures renversées et de soldats déjà morts, ou luttant contre le trépas, que le froid et la faim rendent doublement terrible. Je passais aussi rapidement que mes forces me le permettaient; je voulais m'épargner la vue de tant de maux, mais j'entendais les cris de malheureux tombés sous les roues des canons, les plaintes déchirantes de blessés qui allaient mourir à quelques pas d'une ville où ils avaient espéré trouver du secours.

Je cherchai vainement le traîneau et les deux frères blessés, je m'en étais séparé en approchant de la ville, et leurs plaintives voix se confondaient avec mille autres. Et qu'aurais-je pu faire pour les secourir, moi qui me soutenais à peine?

Je jette un voile sur ce funeste tableau. Pourquoi m'entourer de si tristes souvenirs ? le présent et l'avenir n'ont-ils pas assez de quoi m'épouvanter ?

Malgré ma foiblesse, j'étais parvenu à traverser cette route pénible, et j'avais gagné la ville par un sentier détourné. Une maison de Wilna m'avait offert un asile ; pour la première fois, depuis six semaines, j'avais trouvé quelqu'adoucissement à ma misère. L'armée resta un jour dans cette ville. Le lendemain de son arrivée, vers le soir, j'entends gronder le canon, on bat la générale, la porte est attaquée, mais les grenadiers de la vieille garde occupent le faubourg où s'est présenté l'ennemi, il sera repoussé.

Il l'est en effet, un seul bataillon de ces braves a suffi, jusqu'au dernier moment l'ennemi éprouve les effets de la valeur française. Mais le départ est ordonné pour le jour suivant, il faut quitter cette ville où j'avais trouvé un instant de repos ; il faut recommencer cette marche pénible.

Dieu soit loué, je n'ai plus que trois journées pour atteindre le Niémen. Encore trois jours de courage, et mes peines vont finir.

Je me couche près de quatre soldats qui, comme moi, n'attendent que le jour pour se remettre en route. Mais nous étions tellement épuisés de fatigue, qu'il est déjà dix heures quand nous nous éveillons.

Je me lève, je regarde dans la rue. Les Français sont partis; quelques Cosaques parcourent déjà la ville. J'écoute..... des cris se font entendre, quelques mots français frappent mon oreille.... Dieu! ce sont de malheureux compatriotes que des Juifs vont égorger sous nos fenêtres. Cette vue me rend furieux, je saisis mes armes, je veux mourir ou les défendre. Mes compagnons d'infortune, entraînés par mon exemple, sortent avec moi dans la rue. Nous voyons cinq soldats adossés à un mur, et se défendant avec un courage héroïque contre une troupe de ces misérables, armés de haches et de fusils. J'étais hors de moi, nous les attaquons avec fureur, et vaillamment secondés par ceux que nous secourons, nous parvenons à disperser cette foule barbare et craintive.

Nous sommes dix, tous armés, et déterminés à mourir ou à sortir de la ville. Un tambour se fait entendre, il bat la charge, un peloton de quarante hommes se présente au bout de la rue; un capitaine d'infanterie légère l'avait formé; s'étant, comme nous, aperçu trop tard du départ de l'armée, il avait à la hâte rassemblé quelques soldats, et marchait dans les rues, appelant à haute voix tous les Français qui se trouvaient encore dans les maisons (*).

Nous traversons rapidement la ville; à chaque pas, notre nombre s'accroît, l'ennemi essaie plusieurs fois de s'op-

---

(*) Ce fait est véritable; je regrette de ne pas pouvoir rapporter le nom de cet officier dont le courage devait sauver tant de Français.

poser à notre passage, mais rien ne peut nous arrêter, le désespoir nous anime. Lorsqu'on sait exciter l'enthousiasme du soldat français, on est sûr de triompher de tout. Le nôtre est à son comble, nos cris épouvantent ceux qui voudraient nous disputer le chemin. Déjà nous sommes loin des faubourgs, et nous nous applaudissons du succès de notre audace, mais l'ennemi nous poursuit avec acharnement. Sa cavalerie est sur nos flancs, une nombreuse infanterie marche derrière nous, et son feu nous devient funeste. Bientôt nos munitions sont épuisées, l'ennemi s'en aperçoit et s'approche à quart de portée ; il nous crie de nous rendre, mais nous continuons à marcher ; son feu redouble et produit un effet terrible sur notre malheureux détachement. Nous étions plus de cent, au bout de quelques minutes nous ne comptons plus que vingt hommes dans nos rangs. La cavalerie nous entoure, il faut se rendre ! O douleur ! est-ce donc là le résultat de tous les maux que mon courage a bravés? est-ce au moment même où je me croyais sauvé qu'il faut voir mon espoir démenti ?

Ma mère, je ne vous verrai plus; Aniéla, tu es perdue pour moi sans retour : ah ! si du moins j'étais tranquille sur ton sort, si je te savais échapée au danger, et tranquille maintenant auprès de ma mère ; cette idée me consolerait, celle de ton bonheur suffirait au mien. Non ! je ne puis le croire, Dieu n'aura pas permis qu'un ange partageât les malheurs de cette guerre cruelle ; mais comment ne t'ai-je pas aperçue ? pendant quinze jours, j'ai marché dans la colonne ; ce manteau étranger qui me cachait entièrement, la foule dans laquelle j'étais confondu, le vent glacé qui m'empêchait de tourner souvent la tête pour regarder les traîneaux qui passaient sur la route, m'expliquent comment je n'ai pas vu celui d'Aniéla ?

L'idée des regrets que je laisse à ma famille, est la plus pénible de toutes celles qui m'assiégent dans mon malheur. J'existe, mais, hélas! on pleure ma mort; jamais je n'ai craint en elle que la douleur qu'elle causerait à ceux que j'aime, et je n'échappe au trépas que pour connaître ce qu'il avait de plus triste à mes yeux.

Le 3 février 1813.

Hier nous avons fait quelques lieues sur la route de Moskou. La vue de ces chemins que j'avais parcourus avec Aniéla, a déchiré mon âme. Ces plaines désertes maintenant, réveillent à chaque pas un triste souvenir; ici, d'infortunées victimes de la guerre, là, des caissons renversés, des armes abandonnées; ces armes que les braves qui les portaient, après les avoir employées à vaincre le monde entier, avaient été forcés d'abaisser devant le climat victorieux; plus loin, les ravages de l'incendie, les restes de malheureux blessés, morts dans les plus affreux tourmens, et dont l'attitude prouve qu'ils avaient essayé vainement de se traîner hors des maisons lorsque les flammes avaient éclaté.

La solitude ajoutait encore à la tristesse qu'inspirait la vue de tant de désastres. Ils avaient disparu ces Français qui marchaient avec moi sur cette route, la mort de leurs frères avait seule marqué leurs traces. L'uniforme blancheur de ces immenses plaines de neige n'était interrompue que par quelques points obscurs que j'apercevais au loin ; et quand j'en approchais, je reconnaissais, en frémissant, des cadavres à moitié couverts de neige. On n'entendait que les cris des oiseaux de proie, et le bruit de notre traîneau qui semblait troubler le calme de la mort.

Nous avons traversé un petit bois dont la vue a rendu mes regrets plus vifs encore. J'ai reconnu le lieu où je m'étais arrêté avec Aniéla ; j'ai revu la place de notre bivouac ; j'ai demandé que le traîneau s'arrêtât un instant. Je me suis approché de ces arbres qui, pendant quelque heures, avaient défendu Aniéla des rigueurs du climat, j'ai reconnu le jeune pin dont j'avais courbé les branches pour faire un abri à ma faible compagne, et je me suis rappelé qu'ici même nous avions parlé de l'avenir, qui nous promettait le bonheur. J'ai versé des larmes dans ces lieux que je voyais seul et sans espérance. « Aniéla, ai-je dit, Dieu aura-t-il protégé ta faiblesse? Es-tu maintenant près de ma mère, auras-tu pleuré avec elle la perte de celui qui a pu t'abandonner? Mais si j'ai ta mort à me reprocher, Dieu! quelle funeste pensée! Aniéla, m'auras-tu pardonné? Au milieu des périls auxquels je t'ai laissé exposée, ta douce voix m'aura-t-elle accusé? Aniéla, si ton âme a rejoint celle de ta mère, et si ma prière s'élève jusqu'à toi, pardonne à ton amant de n'avoir pu supporter l'idée de la honte! Pardonne-moi de t'avoir quittée, vois mes larmes couler à ton souvenir, vois si je t'aimais et combien a dû me coûter le sacrifice que mon devoir exigeait »!.... Je partis, le traîneau m'emporta rapidement.

Vers le soir, nous quittâmes la grande route ; mais je conservai la douloureuse impression qu'avaient faite sur moi ces lieux qui me retraçaient un bonheur que j'ai perdu sans retour.

Le 21 avril 1813.

Depuis quelque temps, je n'ai rien écrit sur ce Journal; je ne pourrais, dans mon triste exil, que proférer des plaintes inutiles, et déplorer un malheur dont personne ne cherche à me consoler. Je traverse un pays dont la tristesse est en harmonie avec celle de mon âme; de sombres forêts de sapins, des déserts couverts de glace que voile une nuit presqu'éternelle; le soleil semble refuser sa lumière à des malheureux, à peine avons nous cinq ou six heures de jour. Quelques villages se trouvent sur notre passage; partout la haine nous accueille, nos gardiens deviennent nos protecteurs. Pourquoi prennent-ils le soin barbare de notre défense? Pourquoi s'opposent-ils aux desseins furieux des habitans? Je bénirais la main qui me délivrerait d'une vie que je déteste!

Iransk, le premier mai 1813.

Mon Dieu, pardonnez-moi d'avoir appelé la mort; ma mère, ma sœur, pardonnez à l'égarement du désespoir, pardonnez-moi d'avoir un instant oublié que ma vie appartient à ceux que j'aime, et que je dois compter pour rien mes propres peines, en les comparant à la douleur que vous causerait ma perte. Un événement que je n'espérais pas, vient de me rendre ma confiance en vous, ô mon Dieu! de me rendre le désir de survivre à mes misères et l'espoir de revoir ma patrie.

Nous nous étions arrêtés quelques jours dans cette ville; le froid était moins rigoureux; une belle journée d'hiver est un spectacle magnifique dans ces contrées. Je me promenais, absorbé dans mes tristes réflexions; enveloppé dans une pelisse du pays, je tâchais de tromper les regards de la foule, qui m'eût outragé si elle m'eût reconnu; en passant sur le pont, j'aperçus un jeune homme appuyé sur la balustrade : les malheureux se devinent, c'était un Français ; il semblait comme moi rêver à notre patrie. La vue d'un compatriote avait fait battre mon cœur, lorsque deux prisonniers se rencontrent dans ces lointains climats, la conformité de leurs peines les entraîne l'un vers l'autre.

Je m'approchai du compagnon d'infortune que le hasard me faisait trouver ; j'allais lui offrir et lui demander des consolations, il lève la tête, c'est Eugène! Eugène ! dois-je en croire mes yeux ? est-ce bien toi que je presse dans mes bras? Je ne pouvais me figurer la réalité de mon bonheur ; quoi ! je retrouvais l'ami que je croyais avoir perdu ! par quel miracle le ciel me l'avait-il conservé ?

« O mon ami ! (lui dis-je enfin lorsque
» ma douce émotion me permit de parler)
» voici le premier moment de bonheur

» que j'éprouve depuis la dernière fois que
» je t'ai vu. Depuis l'instant de la bataille
» de la Beresina, où notre colonel t'en-
» voya prévenir le Maréchal qui nous
» commandait, d'un mouvement de l'en-
» nemi; depuis cet instant, je ne t'ai revu
» qu'une seule fois, et j'ai cru te dire
» un éternel adieu. Peut-être ne te rap-
» pelleras-tu pas que j'accourus pour te re-
» cevoir dans mes bras au moment où tu
» perdis connaissance? les faibles secours
» que j'ai pu te donner, ne te rendirent
» pas à la vie, et depuis ce jour, Eugène,
» je pleurais mon ami ».

« Quoi, me dit-il! c'est toi qui vins
» à mon secours, au moment où déjà je
» je ne pouvais plus reconnaître ta voix.
» Je me rappelle confusément les heures
» pénibles qui précédèrent l'instant de
» mon évanouissement. O mon cher Al-
» fred! j'ai passé par tous les tourmens de
» l'agonie ; lorsque tu me rencontras,
» c'était à une faim dévorante que j'allais
» succomber; j'étais assez bien couvert;

» sous ma pelisse d'uniforme, pour braver
» les effets du froid, mais depuis quatre
» jours, je n'avais pris aucune nourri-
» ture; mes chevaux étaient morts, mes
» soldats m'avaient abandonné, et je
» marchais seul, sans but et sans espoir;
» le cinquième jour, je me levai avec
» l'idée que c'était le dernier de ma vie.
» Je continuai à marcher lentement, la
» faim m'avait ôté toutes mes forces :
» en vain j'implorais ceux qui passaient
» près de moi, la vue de tant de mal-
» heurs avait épuisé la pitié. Lorsque,
» par hasard, je voyais un soldat qui por-
» tait encore du pain et que j'osais élever
» ma voix pour le supplier de me secou-
» rir, il me répondait : Vois combien
» d'autres tombent autour de toi, dois-je
» mourir à ta place? Je me résignai
» donc à la mort, je suivis la colonne,
» me disant quelquefois : je vais marcher
» peut-être encore cent pas, et puis je
» vais tomber et mourir. Je pensais à ma
» mère, à toi, mon cher Alfred, aux re-

« grets que j'allais vous laisser, et cette
« douloureuse sensation est la dernière
« pensée distincte dont il me souvienne.
« Depuis un village qui brûlait quand
« je le traversai, et à quelque distance
« duquel on me rappela à la vie, je ne
« puis me rendre compte de ce qui m'ar-
« riva. Maintenant, il me souvient qu'au
« moment où j'allais tomber, un être
« bienfaisant et chéri me reçut dans ses
« bras ; je me rappelle vaguement qu'il
« cherchait à réchauffer mes mains et que
« sa voix faisait encore éprouver quelque
« plaisir à mon cœur affaibli. Je me rap-
« pelle qu'il me serra dans ses bras, et
« puis tout le reste me semble enveloppé
« dans les ténèbres de la mort.
« Depuis que, par des soins miracu-
« leux, je suis revenu à la vie, cette cir-
« constance s'est plusieurs fois offerte à
« ma pensée, comme un souvenir confus.
« Je croyais que c'était un rêve conso-
« lateur de mon imagination, et je bénis
« le ciel de m'avoir laissé cette idée ; si

» j'avais su que mon ami pleurait ma
» mort, mon malheur eût été plus grand
» encore ».

Eugène me raconta ensuite comment il avait été sauvé du trépas : à quelque distance du lieu où je l'avais vu tomber, les Cosaques nous avaient attaqués, mais la nuit avait fait promptement cesser le combat. L'ennemi avait formé son bivouac à l'endroit même où il avait combattu, et cette circonstance avait sauvé la vie d'Eugène. Quelques-uns de nos hussards qui avaient été faits prisonniers par les Cosaques, avaient reconnu leur officier; l'un d'eux, le fils d'un fermier de la mère d'Eugène, se trouvait avoir encore quelques provisions, et ses soins l'avaient ranimé (5). Depuis ce temps, Eugène était prisonnier et il faisait partie d'un convoi dirigé sur Kostroma. « O mon ami! lui dis-je, quel
» bonheur que cette rencontre? combien
» l'amitié va nous donner de courage
» contre l'adversité! Nous sommes deux,

» bravons les coups du sort, notre ten-
» dresse nous consolera ; du moins lors-
» que tu souffriras, ton ami plaindra ta
» misère, tes larmes ne couleront plus
» sans que personne les essuie. Nous par-
» lerons de nos souvenirs, quelquefois de
» nos espérances..... Eugène, nous som-
» mes réunis, nous ne sommes plus mal-
» heureux ! Viens avec moi, je veux
» voir le Gouverneur, il écoutera ma
» prière ».

Je pris le bras de mon ami, nous tra-
versâmes ensemble ces rues où je venais
de passer seul et désespéré. Nous nous
rendions chez le Gouverneur, je voulais
obtenir de lui qu'il me permît de suivre le
convoi d'Eugène. Je me présentai devant
lui avec l'assurance que me donnait le
bonheur. « Monseigneur, lui dis-je, vous
» voyez deux Français unis depuis leur en-
» fance ; nous n'espérions plus nous re-
» voir, aujourd'hui nous nous sommes re-
» trouvés, accorderez-vous à nos prières
» de nous laisser ensemble ? La présence

» de mon ami me fait tout oublier : Mon-
» seigneur, nous ôterez-vous notre der-
» nière consolation » ?

Je tenais la main d'Eugène, je crois que l'amitié m'avait inspiré, ma voix devait avoir un accent surnaturel. Je regardai le gouverneur, il semblait indécis ; mais une jeune femme, assise près de lui, avait été attendrie à ma prière. « Ma-
» dame, lui dis-je, daignez intercéder pour
» nous ; quels que soient vos droits sur
» monseigneur, je suis sûr que votre voix
» doit le toucher ». Notre malheur l'avait intéressée, elle parla pour nous, le gouverneur se rendit, et nous partîmes, emportant l'ordre qui comblait tous nos vœux. Demain nous prenons la route de Kostroma. Je m'éloigne encore de la France, mais du moins je puis m'entretenir avec mon ami de notre chère patrie.

Kostroma, le 18 juin 1813.

« Nous sommes depuis deux mois dans cette ville, et je n'ai rien écrit sur ce cahier. S'il peignait jour par jour ce qui se passe dans mon âme, il ne contiendrait que des regrets uniformes et l'expression d'une tristesse continuelle. Hier, pour la première fois, depuis long-temps, j'ai goûté pendant quelques heures un véritable bonheur.

On venait de recevoir ici des nouvelles d'Allemagne. Tout le peuple était au comble de la joie. On lui avait annoncé une victoire remportée à Bautzen ; des fêtes avaient lieu à ce sujet. On s'était empressé d'apprendre cette grande nouvelle aux prisonniers français, et de tous les maux que nous avions soufferts, aucun ne nous avait paru si pénible que la vue des transports de ceux qui célébraient la défaite de nos frères. Nou n'existions plus que pour notre patrie, et ses revers nous avaient profondément affectés.

Vers le soir, je me promenais seul dans un quartier reculé de la ville, je fus abordé par un homme âgé ; il paraissait appartenir à la classe aisée de la société. « Jeune Français, me dit-il, vous paraissez affligé, et je veux faire disparaître la cause de votre peine. Je suis Français aussi, j'ai quitté la France depuis vingt ans, pour venir habiter ce pays ; mais les sentimens de patriotisme ne sont pas éteints dans mon cœur : j'ai pleuré sur les désastres de Moskou, aujourd'hui je compatis à la douleur de mes compatriotes, qu'une fausse nouvelle réduit au désespoir. Détrompez-vous, les Français n'ont pas été vaincus ; cette bataille de Bautzen, que l'on célèbre ici, n'a fait qu'ajouter encore un nouveau lustre à la gloire de nos armes ; nous avons obtenu d'éclatans succès, et l'on dit même que la paix si désirée va couronner enfin nos exploits ».

Je pris la main du réfugié Français : « Généreux compatriote, lui dis-je,

» puisse le spectacle de la joie de ces pri-
» sonniers, dont le sort vous intéresse,
» vous payer de votre bonne action ! Je
» cours à l'instant répandre parmi eux
» cette consolante nouvelle; que votre
» cœur bienfaisant jouisse de leurs trans-
» ports ». J'appris quelques détails de plus, je le quittai ; je courus chez Eugène, je voulais avant tout faire partager ma joie à mon ami. Je l'emmenai, et nous marchâmes rapidement vers la maison où se rassemblaient, tous les soirs, les offi- ciers prisonniers dans cette ville. Sur ma route, je rencontrai quelques soldats de ma nation ; ils m'étaient inconnus, mais je ne pus résister au désir de faire cesser par un mot la tristesse empreinte sur leur visage. Je m'approchai d'eux et je me hâtai de dissiper leurs alarmes. On écou- tait avec avidité le récit de nos succès: on ne craignait pas de faire éclater ses transports au milieu même de la foule, l'amour de la patrie l'emportait sur toute considération.

J'arrivai bientôt à la maison, où, comme de coutume, s'étaient rassemblés mes compagnons. Ce jour-là, la gaîté, qui quelquefois régnait par eux, avait fait place à la consternation. Les jeux avaient cessé, on s'entretenait avec douleur des tristes événemens qu'on avait appris le matin. « Vivent les Français ! m'écriai-je en
» entrant dans la salle, vivent nos braves
» compagnons d'armes ! ils sont vain-
» queurs, les bruits qu'on a répandus
» sont faux, nos armées se sont couvertes
» de gloire ». Tout le monde s'était levé, on se pressait autour de moi, on me questionnait, chaque mot de ma bouche ajoutait à l'ivresse générale.

Lorsqu'on eut tout appris, on sortit; chacun voulait avertir un prisonnier, bientôt cette nouvelle se répandit parmi eux. On ne craignit plus de se promener dans les rues, ni d'être témoin de la joie du peuple. Le visage de chaque prisonnier était animé par le bonheur, et lorsqu'au milieu de cette foule si bruyante dans ses plaisirs, on apercevait quelqu'un dont la contenance fière et tranquille contrastait avec ces transports immodérés et fondés sur une erreur, on reconnaissait un Français.

Nous attendons maintenant le résultat des victoires de nos armées ; nous croyons tous que le moment favorable de faire la paix est arrivé, et nous nous berçons des plus douces espérances. Qu'il sera beau le jour où nous apprendrons que cette paix est signée et que nous retournons en France !

Kostroma, le 26 juin 1813.

Cette joie, dont je n'ai pas été maître, on veut m'en punir, mais je ne regrette pas de l'avoir manifestée. Que me resterait-il dans mon malheur si je ne prenais part aux succès de nos armées? Eugène et moi, comme les plus coupables de cette prétendue faute, devons dans quelques jours quitter ce gouvernement. Nous partons pour Wiatka. Puisque mon ami me suivra, je ne regrette rien dans cette ville. Nous nous éloignons encore de la France, mais dans ce triste pays que me font une centaine de werstes de plus, quelques lieues d'intervalle suffiraient pour rendre pénible une longue séparation. Dans l'absence, c'est le temps plus que la distance qu'il faut craindre.

Wiatka, le 12 juillet 1813.

Nous avons traversé une immense étendue de pays. Je ne puis décider si l'uniformité allonge ou abrège le chemin. L'ennui, dit-on, retarde le cours du temps et paraît en augmenter la durée. Cependant, depuis un mois que nous voyageons, si peu de faits se sont gravés dans ma mémoire; tout ce que je voyais sur mon passage ressemblait tellement à ce que j'avais vu la veille, que je ne puis croire qu'il se soit passé trente jours depuis mon départ de Kostroma.

Des forêts presque continuelles, quelques maisons de bois bâties toutes sur le même modèle, peu de villages, quelques villes éparses à cinquante lieues les unes des autres, voilà en peu de mots la peinture de la Russie; c'est le pays du monde où les voyages durent le plus long-temps et où l'on a plutôt fini le récit de tout ce qu'on a vu.

Le bois entre seul dans la construction

des maisons russes, le verre et le linge sont presque inconnus aux paysans, les fenêtres ne sont que des lucarnes sans vitres. Dans les murs, formés de poutres équarries et posées l'une sur l'autre, sont fixés des bancs qui régnent tout autour de la chambre ; un grand poêle se trouve dans un des coins, le haut de ce poêle sert de lit à la famille entière ; toutes les maisons se ressemblent. Après avoir traversé des provinces aussi grandes que la France, on retrouve les mêmes habitations, les mêmes costumes, les mêmes usages dans leurs moindres détails et leurs moindres nuances.

Nous avons logé dans un village singulier par sa position, il est situé au milieu des bois ; en été il reste inhabité, tous les paysans le quittent pour aller recueillir leurs moissons à sept ou huit lieues de là, hors de l'enceinte de la forêt. Notre convoi de prisonniers y est arrivé au moment où il était abandonné ; nous n'y avons trouvé qu'un vieillard qui pendant une partie de l'année, reste habitant solitaire de sept ou huit maisons confiées à sa garde. Nous avons passé la nuit dans ces maisons délaissées, nous nous y sommes rencontrés avec une troupe de malfaiteurs condamnés à être transportés en Sibérie; ainsi le crime et le malheur ont couché sous le même toit.

Notre convoi est composé d'une vingtaine de Français, Eugène et moi sommes les seuls officiers. Les simples soldats font la route à pied, nous partons quelques heures après eux sur des charrettes, nous ne faisons que cinq ou six lieues par jour. La lenteur de notre voyage ajoute à l'ennui que nous cause la vue du pays monotone que nous traversons (6). Quelquefois il nous arrive d'être invités par les seigneurs à venir dans leurs châteaux. Nous y trouvons réunies toutes les jouissances du luxe. Nous y sommes accueillis avec tous les égards de la politesse. Les seigneurs russes sont généralement très-instruits. Ils parlent tous plusieurs langues, le français avec la même pureté que nous.

Avec notre langage ils ont adopté beaucoup de nos usages. Nous restons souvent tout le jour au milieu de la famille des seigneurs hospitaliers. Une conversation intéressante, une manière de vivre presque semblable à la nôtre, font quelques heures de diversion à l'ennui de notre long voyage.

Dans ces conversations, j'évite avec soin de parler des événemens militaires ou politiques. Il s'élèverait des discussions qui détruiraient l'harmonie qui règne entre mes hôtes et moi. Je suis trop fier de ma nation pour que cette fierté ne perçât pas dans mes discours, et quoique prisonnier je ne pourrais parler de la France autrement que j'en parlais quand j'avais une épée à mon côté.

A peine avons-nous franchi l'enceinte du château que nous retrouvons la même pauvreté, la même simplicité de mœurs qui fait un si étonnant contraste avec la civilisation des nobles de ce pays. L'un de nos hôtes, M. de R***, chez lequel Eugène et moi nous sommes arrêtés deux jours, nous a pris en affection ; il nous a fait promettre de lui écrire de Wiatka ; il est ami du gouverneur de cette ville, et veut obtenir de lui que nous soyons envoyés à Casan où lui-même et sa famille doivent passer l'hiver. Je serai heureux de retrouver un homme puissant qui s'intéresse à moi ; le séjour de Casan est d'ailleurs préférable à celui de Wiatka.

Depuis quelques jours nous sommes arrivés dans cette ville, je viens d'écrire à M. de R*** ; j'attends l'effet de sa promesse.

Casan, le 13 août 1813.

Nous voici arrivés à l'ancienne capitale de Tartarie (7); notre ami, monsieur de R***, a écrit au gouverneur de Wiatka, il en a obtenu notre changement. Je viens de recevoir de lui une lettre; il me mande qu'il ne viendra pas cet hiver à Casan, comme il l'avait espéré. Je regrette de ne pas le trouver ici, je viens de lui écrire pour lui témoigner ma reconnaissance de l'intérêt qu'il prend à nous.

De Wiatka jusqu'à cette ville, la route nous a présenté à peu de chose près ce que nous avions vu dans le reste de la Russie. L'aspect du pays est pourtant encore plus sauvage.

Ce qui manque surtout à la Russie, aux yeux du voyageur, c'est ce cachet d'antiquité qui, dans presque tous les autres pays, reporte l'imagination aux temps passés. En Italie, on se plaît à voir ces ruines, dont les colonnes presqu'immuables ont traversé tant de siècles. En France, dans les églises gothiques de nos villages, j'aimais à contempler ces voûtes qui, autrefois, retentissaient des cantiques de nos aïeux. On retrouve en Turquie les nobles monumens de la Grèce; en Espagne, l'élégante architecture des Maures. Ici, l'on chercherait en vain des souvenirs; rien n'atteste que ce pays ait plus de soixante ans d'existence. De fréquens incendies changent jusqu'à l'emplacement des villages. La terre ne conserve aucune trace des travaux de l'homme; l'habitant, aucun souvenir de ses pères. On ne voit aucun de ces anciens meubles qu'on aime à retrouver dans nos chaumières, aucune de ces inscriptions en vieux style, qui rendent éternels un fait ou une pensée. En Russie, le paysan d'aujourd'hui vit pour lui seul; ses aïeux ne sont rien pour lui, et il ne sera rien pour ses descendans.

Nous avons traversé, pour arriver à Casan, plusieurs peuplades dont les mœurs s'éloignent de celles des Russes. Les Tscheremisses, les Tschouvaches, nations d'origine finnoise. A vingt lieues de Casan, on commence à rencontrer les Tartares. Dans tout ce pays, une réunion de peuples parlant différentes langues, habillés de diverses manières, forment un bizarre mélange. Casan, comme le centre du commerce, présente le tableau le plus varié. On y voit réunis les marchands de la Sibérie et ceux de la Crimée, des Turcs, des Arméniens et des habitans des contrées les plus reculées de l'Asie. Nous avons trouvé aussi dans cette ville une trentaine d'officiers Persans, prisonniers comme nous.

Casan, le 20 août 1813.

Le gouverneur de cette ville (8) est rempli d'égards pour les prisonniers ; sa bonté adoucit notre sort. Les Français sont très-bien accueillis dans sa maison ; toute la bonne compagnie ne parle jamais que français, on se croirait au milieu d'un cercle de Paris. Cette illusion est le plus grand plaisir que puissent me procurer ces réunions, le souvenir de ma patrie ne cesse pas un instant de m'occuper.

Aujourd'hui, j'ai passé la soirée chez le gouverneur. J'étais livré à mes réflexions habituelles lorsqu'un nom prononcé plusieurs fois, me fit prêter l'oreille à la conversation générale. Ce nom m'avait causé la plus vive émotion. C'était celui de la famille d'Aniéla, je m'approchai, je craignais de perdre un mot de ce qu'on allait dire, on parlait de la princesse Wladimir. Tout le monde semblait prendre part au malheur de cette femme, tout le monde en parlait avec intérêt. Je m'informai et j'appris qu'elle habitait une maison située à peu de distance de la ville. Je viens de rentrer chez moi, il est trop tard pour me rendre chez la belle-sœur d'Aniéla ; mais demain j'irai près d'elle, et nous confondrons nos regrets.

Casan, le 21 août 1813.

Je l'ai vue! Ah! combien sa douleur m'a touché! que n'aurais-je pas sacrifié pour calmer ses peines! mais, hélas! ce que je lui ai appris n'a pu qu'y ajouter encore, et lui faire partager mes inquiétudes sur le sort d'Aniéla.

Ce matin, je suis parti seul pour me rendre chez elle, j'ai dirigé mes pas le long du canal qu'on m'avait indiqué. A une demi-lieue de Casan, au bord du Wolga, au milieu d'un bouquet d'arbres élevés, j'ai trouvé la maison de la princesse L***. Je me suis avancé vers cet asile de la tristesse; mes craintes se mêlaient à ma douce émotion en approchant de la belle-sœur de mon amie. Pourra-t-elle se défendre, me demandai-je, d'un mouvement d'aversion en voyant un Français, cette veuve d'un guerrier mort en combattant contre eux?

Cependant j'avais traversé une cour solitaire, et j'étais entré dans la maison. Je m'étais fait annoncer comme un étranger qui désirait voir la princesse, et j'attendais une réponse dans la chambre voisine de la sienne. Deux petites filles vêtues de deuil jouaient ensemble sur le tapis; mon arrivée n'avait pas interrompu leur jeu. J'avais reconnu les deux nièces d'Aniéla; je retrouvais ces traits qui s'étaient gravés dans ma pensée depuis que celle qui l'occupe sans cesse les avait regardées avec attendrissement dans le palais de son frère. Leur mère parut, elle portait l'empreinte de la tristesse ; leur sourire enfantin s'effaça de leurs figures, toutes deux se levèrent pour aller au-devant de la princesse ; dans un âge aussi tendre, leur amitié pour elle leur faisait déjà partager ses peines.

Madame L***, après avoir embrassé ses enfans, s'approcha de moi; elle croyait que je voulais implorer sa pitié, elle venait m'offrir des secours. Je lui ôtai cette erreur, je lui dis que j'étais Français ; et lui appris les circonstances qui m'avaient fait connaître sa belle-mère. A ce nom, je vis des larmes dans ses yeux : la bienveillance que je lui inspirais comme l'ami de sa belle-mère, succéda à l'intérêt qu'elle m'avait d'abord témoigné lorsqu'elle me croyait malheureux. Elle savait que la princesse L*** avait été contrainte de rester à Moskou au moment où toute la population avait abandonné cette malheureuse ville, mais depuis ce temps elle avait essayé vainement de connaître son sort et celui d'Aniéla. Je n'osais parler; enfin, après quelques détours, elle apprit la vérité. Ses larmes coulèrent! Quoi! me dit-elle, tous ceux que j'aimais me sont donc enlevés! Elle me parla d'Aniéla, je tâchai de lui donner une espérance que moi-même je conserve à peine. Je lui dis que peut-être sa belle-sœur était en France auprès de ma mère; cette idée la consola un instant : je lui montrai le portrait d'Aniéla, le testament de la princesse, dans lequel elle me nommait l'époux de sa fille. Ah! me dit-elle, comment avez-vous pu la quitter?

Ce reproche, que si souvent je m'étais fait à moi-même, jamais ne m'avait été si pénible. J'allais peut-être regretter ce que j'avais fait! Maintenant ces paroles de la princesse reviennent à ma pensée. Lorsque mon âme compatissait à sa douleur, j'ai pu me repentir d'avoir sacrifié mon amour à mes devoirs; mais à présent, je me dis : « Si j'avais été sourd à la voix
» de l'honneur, si je n'avais pas partagé
» les dangers de mes compatriotes, j'au-
» rais suivi Aniéla, je serais peut-être en
» France, maintenant; mais serais-je di-
» gne de porter une épée, digne de cette
» noble croix dont je suis décoré ? *Hon-*
» *neur et Patrie!* voilà la vraie devise d'un
» Français ; elle contient et son premier
» devoir et sa première affection. Oui, si
» j'étais encore au bord de la Bérézina, à
» ce jour où je dus choisir entre l'amour et
» mes devoirs, il m'en coûterait autant
» qu'alors; mais j'agirais encore de même,

».je suivrais l'élan de mon cœur, je parti-
» rais avec les Français ».

Chère France, je ne puis maintenant que faire des vœux pour ta félicité ; cesse de courir après une vaine gloire ! Qui peut te disputer le prix de la valeur ? Puisse la paix rentrer dans ton sein ! Puissé-je, en abordant tes rives désirées, voir le calme du bonheur succéder à ta brillante infortune ! En te voyant heureuse, j'oublierai tout ce que j'ai souffert.

Casan, le 4 septembre 1813.

Ma captivité me devient chaque jour un peu moins pénible; je parle d'Aniéla avec sa belle-sœur, de ma patrie et de ma mère avec Eugène; ma vie s'écoulerait assez doucement si de continuels regrets n'occupaient mon âme. La tristesse de mon ami contribue à les augmenter; Eugène ne peut se consoler d'être éloigné de la France.

Je passe mes jours chez la princesse L***. J'y ai mené mon compagnon d'infortune, j'espérais le distraire; mais rien ne peut dissiper sa mélancolie. Cette famille, si intéressante à mes yeux, ne peut avoir le même charme pour lui. Je me plais à entendre raconter les moindres détails de l'enfance d'Aniéla. Une de ses nièces me rappelle tous ses traits; je retrouve ses yeux pleins de douceur, ce sourire auquel celui des anges doit ressembler. En regardant la petite Marie, il me semble voir Aniéla à l'âge de six ans. Je me plais à chercher dans son jeune cœur les souvenirs qu'Aniéla y a laissés. L'aimable enfant m'en parle toujours avec une tendresse qui me touche. Quand reverrai-je celle que j'aime ? Aniéla ! ô toi que la dernière volonté d'une mère m'avait donné l'espoir d'appeler un jour mon épouse, te reverrai-je encore ? Toute espérance ne m'est pas ravie; mais que l'incertitude est cruelle ! Peut-être es-tu en France maintenant ? Ne puis-je t'y suivre ? ne puis-je fuir ces tristes climats ?

Casan, le 28 septembre 1813.

Eugène avait conservé une somme considérable en or ; nous ne manquons de rien, mais l'absence des maux physiques est si peu de chose lorsque l'âme est tourmentée ! J'ai écrit bien des lettres à ma famille, mais les moyens de les faire parvenir sont si incertains que je n'ose me flatter d'avoir dissipé des inquiétudes qui font mes plus grandes peines. J'ai su me garantir de l'ennui, la peinture occupe tous mes instans. J'ai copié plusieurs vues des environs de Casan ; dans tous ces paysages, je me plais à peindre Aniéla près de moi ; son image me suit toujours, et j'ai voulu fixer sur la toile ce rêve du bonheur. L'imagination peut seule me donner encore quelque jouissance ; que resterait-il au malheureux si cette consolation lui était ravie ?

Je pense quelquefois qu'un jour ma mère et ma sœur regarderont avec plaisir ces ouvrages de ma captivité. Je leur ferai remarquer chaque point où je me rappellerai avoir eu un souvenir ou une pensée consolante. Je leur dirai : voyez cette sombre voûte de sapins qui laisse entrevoir dans le lointain la ville de Casan ; c'est là que j'allais souvent parler de vous avec Eugène. Au pied de cet arbre qui s'élève au-dessus des flots du Wolga, je me suis un jour long-temps arrêté, et j'ai pensé à vous.

Dans nos promenades, Eugène et moi, nous portons toujours nos pas vers l'occident. Nos regards se fixent du côté de la France ; ils sont bornés par un horizon de quelques lieues, mais notre pensée franchit l'immense étendue qui nous sépare de notre patrie. Eugène me parle des jours de notre première jeunesse, nous détaillons nos souvenirs pour en jouir davantage. Nous croyons revoir l'avenue du château de ma mère, nous nous figurons avoir passé le petit pont, traversé le jardin anglais. Je crois entrer dans la grande salle des portraits, et retrouver le petit salon où les heures s'écoulaient si vite auprès de ma mère et de ma sœur.

Eugène me rappelle le jour où ma mère avait rassemblé chez elle tous les officiers de notre régiment, et maintenant que sont-ils devenus, nos braves camarades ? La plupart ont péri à nos côtés, dans les combats. Les autres ont succombé aux maux dont un miracle nous a sauvés. Si nous revenons jamais en France, nous ne verrons plus nos frères d'armes. Nous ne retrouverons que le nom de notre régiment, et dans ces rangs renouvelés, détruits, et renouvelés encore, nous chercherons vainement nos anciens compagnons.

Si jamais nous revoyons notre patrie, on nous regardera avec étonnement comme des malheureux échappés d'un naufrage. Et quand viendra-t-il ce jour de notre retour ? quand pourrons-nous faire cesser les regrets de nos parens ? Cette idée détruit nos douces illusions ; nous pensons avec douleur que peut-être cette guerre, qui vient de recommencer, va se prolonger encore, et que nous sommes condamnés à plusieurs années de captivité. Alors, s'évanouit ce tableau riant qu'avait formé notre imagination. Les beaux lieux qui m'ont vu naître, ce séjour de ma mère, que je me figurais avec de si vives couleurs, tout disparaît; je ne vois plus que la nature sauvage qui m'entoure, une terre d'exil et l'ami qui me console...... Le soleil qui se couche à cet horizon que nous voudrions franchir, nous donne le signal du retour, et nous regagnons tristement notre demeure, ne trouvant que dans l'amitié un adoucissement à nos peines.

Casan, le 10 septembre 1812.

La princesse Wladimir me demande souvent des détails sur les derniers temps de mon séjour à Moskou. Ces jours de désolation pour un peuple entier, je me reproche de les regretter par un retour sur moi-même.

J'ai fait à la princesse le récit d'une scène que je n'oublierai jamais, de tous les souvenirs que j'ai conservés d'Aniéla, aucun ne s'offre plus souvent à ma pensée, parce qu'aucun ne me la représente sous un plus doux aspect.

L'armée était partie de Moskou; il ne restait plus au Kremlin que le corps de la jeune garde; je me disposais à quitter le pavillon; Thierry m'aidait à charger de vivres la calèche que nous devions emmener; Aniéla était à la fenêtre, et regardait en pleurant ces tristes préparatifs. Un vieux Moscovite, suivi d'un enfant, entra dans la cour du palais incendié; il ne m'aperçut pas d'abord, il s'approcha de ces décombres, qui fumaient encore, et contempla quelques instants en silence ce triste spectacle de la destruction.

Je pensai que probablement c'était un esclave de la princesse, et je m'approchai de lui. Il parut d'abord effrayé en m'apercevant; mais j'étais sans armes et il se rassura bientôt; l'enfant qui était auprès de lui pleurait, et semblait se plaindre de la faim; je les conduisis près de la calèche et je leur donnai du pain. Le vieillard me regarda avec reconnaissance; il me dit dans sa langue quelques mots en montrant son enfant. Je compris qu'il voulait me faire entendre que depuis l'arrivée des Français, ils n'avaient pas mangé de pain. Le petit malheureux dévorait avec avidité le morceau que son père lui avait donné.

Le vieux Moscovite continua à me parler en russe; il me montrait le palais de la princesse; puis, me menant près de la grille, il me faisait voir cette rue, qui, toute entière, était dévastée par l'incendie, cette longue suite de maisons, dont il ne restait debout que quelques cheminées, et en regardant ce tableau funeste, l'infortuné versait des larmes amères.

Bientôt d'autres habitans entrèrent dans la cour du palais; ces Moscovites, que la terreur avait dispersés, revenaient maintenant, croyant toute l'armée partie. Une foule de pauvres paysans, des femmes, des enfans, couverts de haillons, erraient en gémissant au milieu de ces débris; ils regardaient tous avec douleur le palais renversé. Je leur entendais prononcer le nom de la princesse Fanny de L***; ils paraissaient la plaindre. Ils s'approchèrent ensuite du pavillon; ils avaient aperçu leur jeune maîtresse, et semblaient désirer lui parler. Lorsqu'Aniéla parut au milieu d'eux, je crus voir un ange qui venait consoler cette foule désespérée. Les femmes et les enfans tombaient à genoux et baisaient ses mains; les témoignages d'amour que lui donnaient ces bonnes gens ressemblaient à de l'adoration. Et quand Aniéla parla, lorsqu'elle apprit à ces femmes désolées, que sa pauvre mère, que leur bonne maîtresse n'était plus; lorsque je la vis ensuite essuyer ses larmes et tâcher de donner quelques consolations à ces infortunées; ah! combien je sentis redoubler mon amour et mon admiration pour elle! Le son touchant de sa voix, la douce expression de ses yeux baignés de larmes faisaient toute l'éloquence d'Aniéla; et je compris tout ce qu'elle avait dit aux malheureux habitans de Moskou.

Et je l'ai perdue! quoi! ne me restera-t-il d'elle que le souvenir de ses vertus? ne l'ai-je aimée que pour conserver toute ma vie les plus funestes regrets!...

Casan, le 24 octobre 1813.

Je ne puis résister plus long-temps aux tourmens que j'endure ; je veux aller consoler ma famille, je veux m'assurer si Aniéla existe encore. Je passe des jours qui se ressemblent tous par leur tristesse ; le lendemain ne me donne pas plus d'espoir que la veille : c'est assez languir dans cette douloureuse inaction. Oui ! je tenterai de fuir avec Eugène ? rien ne peut m'arrêter : revoir ma patrie ou mourir !

Casan, le 28 octobre 1813.

J'ai parlé de mon projet à mon ami, il l'a adopté avec transport ; nous ne pensons plus qu'au moyen de l'exécuter, nous ne sommes pas liés par notre parole. On a jugé inutile d'exiger des sermens, on croit que l'immense distance doit nous empêcher de penser à la fuite, mais on ne sait pas quel courage l'espoir de revoir la France peut nous donner.

Je sais que, si nous sommes arrêtés, nous serons exilés en Sibérie ; je connais les dangers auxquels nous nous exposons, mais rien ne peut changer notre résolution. Déjà, nous parlons du jour où nous reverrons notre patrie, et cette idée fait disparaître à nos yeux tous les dangers que nous allons braver.

Parmi les prisonniers qui sont avec nous à Casan, se trouve un jeune Polonais que nous comptons associer à nos desseins. Wierny était dans un régiment de lanciers au service de France ; il faisait partie des cinq malheureux soldats que des Juifs allaient massacrer à Wilna, au moment où j'arrivai à leur secours ; depuis ce jour, Wierny me regarde comme son sauveur et m'a voué un attachement inviolable. Il parle très-bien le russe, il est brave, entreprenant. Je lui ai fait part de mes desseins ; il nous suivra dans notre fuite.

J'en ai parlé à la princesse ; elle a vainement cherché à me dissuader ; c'est en vain qu'elle m'a représenté l'immense distance que j'aurais à franchir au milieu de tous les périls, c'est en vain qu'elle m'a dépeint le sort des malheureux envoyés en Sibérie, rien n'a pu m'ébranler, mon parti est pris irrévocablement. Madame L***, ne pouvant me déterminer à renoncer à mon plan, a du moins voulu me garantir, autant qu'il est en son pouvoir, des dangers qu'elle prévoit, elle m'a fait accepter tout l'or dont je puis avoir besoin ; elle m'a muni de cartes et d'une boussole pour nous guider dans ce pays désert. Nous attendrons encore quelque temps, nous ne voulons partir que lorsque les froids auront commencé et que les fleuves seront glacés.

Cazan, le 28 novembre 1813.

Le jour tant désiré de notre départ est enfin arrivé. L'hiver a commencé, rien ne s'oppose plus à notre fuite; demain nous partons, tout est préparé; un grand traîneau doit nous attendre à minuit sous les murs du jardin de la princesse Wladimir. Demain nous commençons ce long et périlleux voyage ; trois malheureux prisonniers osent traverser quatre cents lieues de pays ennemi! Puisse Dieu protéger leur audacieuse entreprise.

Eugène et Wierny sont venus ce soir chez moi; tous deux désirent ardemment le moment du départ ; comme moi, ils sont déterminés à ne plier devant aucune difficulté, mais comme moi, ils ont voulu invoquer, avant de partir, celui sans le secours duquel le courage n'est que témérité. Les prières des trois prisonniers sont montées ensemble vers le ciel; après avoir rempli ce devoir, nous avons senti plus de courage encore, notre confiance en Dieu l'avait doublé. J'ai embrassé mes compagnons; l'amitié et le malheur nous unissent et nous font oublier les périls que nous allons braver; demain, nous partons. Ma mère, que ne pouvez-vous savoir que votre fils va bientôt se rapprocher de vous!

A 25 lieues de Casan, le 30 novembre 1813.

Nous sommes partis de Casan ; je marche donc enfin vers la France ! avec cette idée, quels obstacles mon courage ne surmontera-t-il pas ! Nous nous sommes arrêtés quelques heures dans une chaumière au milieu des forêts ! Nous nous proposons de ne nous adresser jamais qu'à des habitations isolées. En arrivant dans celle-ci, Wierny, qui a pris le costume des paysans et qui imite parfaitement leur langage, est allé frapper à la porte de la maison pour reconnaître le nombre de ses habitans ; n'ayant aperçu qu'un seul paysan avec quelques enfans, il a montré de l'argent, a demandé un gîte pour cette nuit, et puis il est venu nous chercher à l'endroit où nous attendions son retour. Le paysan russe sait maintenant qui nous sommes et quel est notre dessein, mais nous avons barricadé sa porte afin qu'il ne puisse pas sortir et chercher du secours pour nous arrêter. Cet acte d'autorité de notre part, est excusable par la nécessité ; au reste nous sommes loin de faire le moindre mal aux habitans, au contraire, l'argent que nous leur avons donné, les comble de joie.

Mes compagnons dorment auprès de moi, je veille encore pour écrire la suite de mon Journal. Je pense avec plaisir qu'un jour, lorsque je le relirai avec ma mère, je pourrai lui dire que chaque page a été écrite le lendemain du fait qu'elle contient.

Il est minuit ; hier, à pareille heure, nous avons quitté Casan ; à dix heures j'étais chez la princesse. Elle avait quelques remords de favoriser ma fuite, elle croyait avoir un tort envers sa patrie. « En m'aidant à retrouver Aniéla, lui » dis-je, vous rendez-vous coupable ? » secourir un malheureux, est toujours » une bonne action ; je ne suis plus l'en- » nemi de votre pays, je suis votre frère, » et j'implore votre secours ». Je parvins à dissiper ses scrupules, mais rien ne pou-

vait la distraire des craintes qu'elle avait sur mon sort. « Pourquoi, me dit-elle,
» n'écoutez-vous pas les conseils de
» l'amitié? Vous partez, entraîné par
» le désir de revoir la France; vous mé-
» prisez les dangers que vous allez courir,
» mais les inquiétudes qu'ils me cause-
» ront ne sont-elles rien pour vous?
» Depuis les pertes que j'ai faites, vous
» seul aviez trouvé le secret de m'appor-
» ter quelque consolation, les seuls ins-
» tans de bonheur que j'aie goûtés, étaient
» ceux où je parlais d'Aniéla et de sa
» mère, avec vous qui étiez digne de les
» apprécier ; et maintenant vous partez,
» vous me laissez seule, en proie à ma
» douleur. Sans doute je suis peu de
» chose pour vous, en me comparant à
» votre mère que vous allez retrouver ;
» mais elle-même, si elle pouvait vous
» parler en ce moment, ne vous conju-
» rerait-elle pas de rester dans cette ville,
» où l'amitié vous offre un asile? Ne
» tremblerait-elle pas en pensant que

9*

» vous allez de nouveau affronter les
» effets de ce climat rigoureux, dont la
» peinture a déchiré son cœur? Et moi-
» même, si j'apprends un jour que vous
» avez échoué dans ce funeste projet,
» pourrai-je me consoler de ne pas vous
» avoir retenu? Ah! restez, il en est temps
» encore, écoutez la voix de l'amitié,
» écoutez la sœur d'Aniéla qui vous le
» demande au nom de votre amour ».

« Madame, lui dis-je, votre douleur m'af-
» fecte plus encore que les périls aux-
» quels je vais m'exposer; mon cœur a ap-
» pris à mépriser la mort et ses tourmens,
» mais les chagrins de l'amitié l'émeu-
» vent encore péniblement. Cessez, je
» vous en conjure, de vouloir me retenir,
» vos larmes font couler les miennes sans
» ébranler mon courage. Je donnerais
» tout au monde pour vous témoigner
» ma reconnaissance; l'idée de votre in-
» quiétude me suivra sans cesse, mais en
» France, il est aussi des personnes dont
» je dois faire cesser les chagrins; ma mère

» depuis un an pleure la mort de son fils,
» je braverai tout pour aller essuyer ses
» larmes. Dieu, je l'espère, bénira mes
» intentions! Cessez de craindre pour moi,
» une ferme résolution triomphe de tout.
» Oui, je reverrai la France, et quand
» j'aurai embrassé ma mère, j'écrirai à
» ma généreuse libératrice : toute une
» famille, que vous aurez rendue au bon-
» heur, bénira votre nom, et je serai
» heureux de devoir ma liberté à la sœur
» de mon amie. Peut-être Aniéla est-elle
» près de ma mère, peut-être le ciel me
» l'a-t-il conservée pour me faire oublier
» tout ce j'ai souffert. Je la retrouverai,
» le bonheur d'une douce union succé-
» dera à mes longues infortunes, comme
» le calme que Dieu accorde après l'orage».
La princesse sourit à ce rêve heureux.
« Puisse-t-il se réaliser ! dit-elle ; partez,
» puisque rien ne peut vous dissuader.
» Partez, mes prières vous suivront ».
Elle sortit un instant et me rapporta une
lettre ouverte adressée à Aniéla. « Lisez-

» la, me dit-elle; quand vous aurez be-
» soin d'encouragemens et de consola-
» tions, vous y puiserez l'espérance, vous
» y verrez les vœux que je fais pour
» vous ».

Je pris la lettre; onze heures venaient de sonner. Eugène et son compagnon arrivèrent. Nous préparâmes le traîneau, nous le chargeâmes de fourrures et de provisions. Wierny avait acheté en secret quelques armes; déterminés à tout braver, cette précaution nous avait paru nécessaire. Le traîneau était prêt, nous voulions profiter de la nuit pour nous éloigner de cette ville, où nous étions connus; nous étions vêtus en marchands russes. Je dis adieu à la princesse, la reconnaissance est un des sentimens qu'on ne peut jamais exprimer aussi vivement qu'on les éprouve. Je ne pouvais que faire des vœux pour son bonheur. Je voulus voir ses deux filles avant de partir; je priai Dieu de la rendre heureuse par ses enfans; mes prières seront exaucées, le ciel doit écouter la voix du malheureux quand il l'invoque pour son bienfaiteur.

J'embrassai les deux enfans dans leur berceau, en tâchant de ne pas troubler leur sommeil. Madame L***. nous conduisit jusqu'à la porte de son jardin; un seul domestique avait été mis dans la confidence; la princesse elle-même nous indiqua la route que nous devions suivre pour traverser le Wolga; je serrai sa main bienfaisante, et le traîneau glissa rapidement en m'éloignant de cet asile de l'amitié.

La nuit était obscure, le vent soufflait avec furie sur la torche qui nous éclairait. Nous étions au commencement de l'hiver, mais déjà les fleuves étaient glacés et n'opposaient pas d'obstacle à notre voyage. Nous arrivâmes sur le Wolga et nous franchîmes rapidement cette vaste plaine de glace. Je regardais dans la nuit vers le rivage que nous venions de quitter; j'apercevais au loin la lumière qui brillait dans la maison de la princesse. Aussi long-temps que je pus distinguer cette lueur consolante, mes yeux restèrent fixés à l'horizon, mais bientôt elle se confondit dans les ténèbres et je n'aperçus plus que les noirs sapins du rivage que nous venions d'atteindre. Le vent qui poussait devant lui les tourbillons de neige, troublait seul le calme de la nuit. Aucun de nous n'osait élever la voix; l'obscurité nous avait remplis d'une profonde tristesse. Nous ne pouvions penser sans frémir à la témérité de notre grande entreprise. Nous marchâmes toute la nuit; au point du jour, nous nous arrêtames au milieu des forêts; nos chevaux se reposèrent quelques heures, puis nous repartîmes. Nous sommes décidés à faire quinze lieues par jour; nos chevaux ne résisteront pas long-temps, mais l'or que nous emportons nous fournira les moyens de les renouveler souvent. Nous avons voyagé toute la journée; nous avons trouvé quelques marchands en traîneau; Wierny leur a répondu, aux questions qu'ils nous ont faites en passant, nous nous sommes arrêtés dans cette chaumière. Les craintes du paysan sont dissipées, sa famille et mes compagnons dorment étendus sur le plancher. Je dérobe une heure au sommeil pour m'occuper de ceux que j'aime ; j'écris à la lueur incertaine de quelques lattes de sapin qui servent à éclairer les habitans. Avant de me livrer au repos, je veux relire cette lettre que la princesse m'a donnée pour Aniéla.

LETTRE XXI.

La princesse Wladimir L***, à Aniéla.

Casan, le 29 octobre 1813.

Aniéla, ma sœur bien aimée, entendras-tu jamais la voix de ton amie ? Cette lettre qui doit traverser toute l'Europe avant de te parvenir, c'est Alfred qui doit te la porter, c'est à vous deux qu'elle s'adresse, puissiez-vous un jour la lire ensemble, y trouver l'expression des vœux que votre sœur fait pour votre bonheur !

O ma chère Aniéla, te rappelles-tu le jour où je partis pour Casan ? nous espérions que notre séparation ne durerait que quelques mois. Dans ce temps, hélas ! la guerre ne désolait pas notre patrie ; ton père, ta mère, mon époux vivaient encore : nous étions heureux, une année a détruit notre félicité. Aurions-nous pensé, lorsque nous étions l'une près de l'autre et que nos jours s'écoulaient si doucement, aurions nous pensé qu'une année après, les murs qui nous avaient vues naître, seraient renversés par les flammes, que la guerre, après nous avoir privées de ceux que nous aimions, séparerait peut-être pour toujours la veuve et l'orpheline !

Je connus d'abord le sort de ton père et de mon époux ; je pleurai, je pensai à mon amie et à sa mère ; j'appris ensuite que toutes deux étaient restées seules au milieu des dangers d'une ville occupée par une armée victorieuse ; j'appris la maladie de ma belle-mère et le dévouement touchant de sa fille, et puis je n'appris plus rien que la ruine de notre malheureuse ville et les maux qu'avaient soufferts ceux qui étaient restés dans son sein.

Je crus vous avoir perdues toutes deux ; ma tendresse pour mes enfans, m'attacha seule à la vie. Il est venu prè de moi celui que le ciel envoya pour te protéger. C'est lui qui, pour quelques instans, a adouci ma peine, c'est lui qui m'a donné l'espoir de te revoir un jour. Il est parti, il me laisse encore une fois livrée seule à ma douleur, mais je la supporterai avec courage en pensant qu'il va te retrouver et qu'il fera le bonheur d'Aniéla.

Alfred, pardonnez-moi d'avoir essayé de vous arrêter. Si, dans le cours de ce périlleux voyage, le courage est sur le point de vous abandonner, puisse la vue de cette lettre, le souvenir de celle à qui elle est adressée, et de celle qui l'a écrite, ranimer vos forces abattues ! A quelqu'instant du jour que ce soit, lorsqu'un danger vous menacera, rassurez-vous en vous disant : « aujourd'hui l'on » a prié pour moi ».

Oui, vous serez maintenant le but de toutes mes pensées, je ne puis plus être heureuse que par le bonheur de ceux que j'aime, le vôtre sera l'objet de toutes mes prières.

Alfred, Aniéla, puisse le ciel vous payer de tout ce que vous avez souffert. Chacun de vous est devenu malheureux par une bonne action, mais ce temps d'épreuve finira, celui de la récompense approche. Oui, j'en ai le pressentiment, vous serez réunis.

Cette lettre consolante, je veux la relire chaque jour. Oui, j'y retrouverai le courage lorsqu'il sera près de m'abandonner ; souvenir d'Aniéla, espérance de revoir ma mère, c'est vous qui me soutiendrez parmi les dangers de notre fuite.

Le 12 novembre 1813.

Nous avons déjà franchi, sans obstacle, plus de cent cinquante lieues. Il y a onze jours que nous avons quitté Casan. Nous évitons avec grand soin de traverser les villages; lorsque nous apercevons un clocher se dessiner à l'horizon, qui dans les grands froids est souvent d'une éclatante pureté, nous quittons les traces des traîneaux. Ces traces marquent seules les routes au milieu de ces plaines désertes; par un long circuit nous évitons le village où nous pourrions courir le danger d'être reconnus. Nous avons renoncé au projet de passer les nuits dans des maisons isolées, il pourrait nous exposer, et nous croyons plus prudent de coucher au milieu des forêts. Vers le soir nous quittons la route et nous nous enfonçons dans l'épaisseur des sombres bois de sapins. Habitués tous trois aux fatigues et aux travaux de la guerre, nous avons bientôt élevé un abri de branchages; un grand feu que nous allumons et le secours de nos fourrures, nous permettent de goûter quelques heures de repos, et de braver la violence du vent qui gémit dans les branches élevées de la forêt.

Opposant le courage aux privations, et l'espérance de revoir la France, à l'idée de l'énorme distance que nous avons à franchir, nous oublions nos peines, et le sommeil vient bientôt fermer nos paupières appesanties par les fatigues du voyage.

Le reflet de la neige nous permet de marcher autant la nuit que le jour. Quand nous avons besoin de renouveler nos provisions, nous nous arrêtons devant une maison isolée, et Wierny s'adresse aux habitans; il s'informe en même temps, du nom des villes les plus voisines, nous nous empressons de les chercher sur notre carte, et nous voyons avec peine combien nous avançons lentement sur cette feuille qui représente une si vaste étendue.

Le 3 janvier 1814.

Je suis séparé d'Eugène ; un événement malheureux me laisse sur le sort de mon ami une bien douloureuse incertitude. Il y a quinze jours nous eûmes l'imprudence de nous arrêter un peu trop longtemps dans un village. Nous avons éveillé des soupçons, et les Juifs, séduits par l'espoir d'une récompense, nous auront dénoncés. Le 19 décembre vers le soir, Wierny me fit remarquer une douzaine de cavaliers qui s'avançaient vers nous à travers la plaine ; à leurs cris, à leur course précipitée nous ne doutâmes pas qu'ils ne fussent envoyés pour nous arrêter. Nous étions tous les trois armés et déterminés à nous défendre. Mais le nombre de nos adversaires nous fit abandonner notre traîneau pour nous enfoncer dans le bois qui bordait la route. Nous répondîmes à quelques coups de carabines tirés sur nous d'assez loin, puis nous nous retirâmes dans le taillis où les cavaliers ne pouvaient pas nous suivre. Je me glissai le long de la lisière du bois, mon intention était d'observer ceux qui nous poursuivaient ; mais je crois qu'Eugène, que son courage rend souvent imprudent, avait eu la même intention que moi, et qu'il s'était écarté dans une autre direction. Wierny n'était plus à mes côtés ; chacun de nous avait voulu se dévouer pour assurer la retraite de ses compagnons, et nous étions séparés. J'entendis plusieurs coups de fusils tirés à quelque distance de moi. Je pensai qu'Eugène venait d'être aperçu, et je volai à son secours ; le bruit confus des armes à feu, répété par l'écho de la forêt, ne me permit pas de marcher dans la véritable direction ; je me trouvai en face des Cosaques, mais je ne vis point de quel côté Eugène avait tiré sur eux. En cherchant mes compagnons je m'égarai de plus en plus ; enfin les coups de fusils, qui ne faisaient que m'induire en erreur, cessèrent de retentir au loin; je me trouvai seul au milieu de la forêt, n'entendant plus aucun bruit, et pensant avec douleur que peut-être Eugène venait de tomber dans les mains de l'ennemi. Je ne pus résister à cette idée, quel que fût son sort, je résolus de le partager. Je l'appelai encore.... mais l'écho du désert répondit seul à la voix de l'amitié. Vainement je regardais autour de moi si quelqu'un accourait. Je tenais mon fusil prêt à faire feu. J'étais également préparé à me défendre si mes cris attiraient l'ennemi, et à voler au devant d'Eugène s'il avait entendu ma voix. Cet espoir m'occupait plus que la crainte, mais l'un et l'autre furent trompés. La nuit était venue, l'ombre voilait les détours de la forêt, et j'errais au hasard, sans autre guide que le faible reflet de la neige. A quelques pas de moi un bruit se fait entendre, je prépare mes armes; mais j'ai reconnu la voix de Wierny, je m'approche de lui, je m'empresse de lui demander s'il a vu Eugène. Ses recherches ont été vaines. Dieu! que de peines l'amitié me réservait!

Wierny et moi nous passâmes une partie de la nuit à parcourir la forêt. Aux premiers rayons du jour, nous retrouvâmes la route, je continuai à marcher tristement, je me reprochais chaque pas que je faisais, en pensant qu'il m'éloignait de mon malheureux ami.

Nous étions en Pologne depuis quelques jours; le nom Français n'était pas en horreur comme dans le pays que nous venions de traverser. Il me restait peu d'argent, nous étions obligés de faire la route à pied, mais chaque soir nous trouvions un asile dans les chaumières d'un peuple hospitalier; souvent aussi, pleins de confiance en la loyauté des seigneurs Polonais, nous allions frapper à la porte de leurs châteaux. Ils accueillaient, comme un frère, le Fran-

çais malheureux ; c'est d'eux que j'appris la fatale issue de la dernière campagne d'Allemagne. Un vieux gentilhomme m'apprit la perte que venaient de faire les Polonais. Je déplorai le malheur qui venait de priver cette brave nation, d'un chef si digne d'elle; il me fit le récit de la sanglante bataille de Leipsig, et de l'événement qui venait d'enlever à la Pologne le neveu de son dernier roi. Je mêlai mes regrets à ceux de nos dignes alliés. « De pareilles
» défaites, dis-je au seigneur Polonais,
» sont plus glorieuses que des victoires.
» A Leipsig, les Français et les fidèles
» Polonais ont combattu avec une valeur
» qui jamais ne se démentira chez eux;
» l'honneur de nos armes y a été conservé; mais tous ceux qui savent admirer les vertus militaires regretteront toujours un prince qui en a constamment montré l'exemple, et que l'on a si justement apellé le Bayard polonais».
J'appris aussi que d'innombrables en-

nemis menaçaient ma noble patrie. Il n'existait plus que deux nations, l'Europe avait déclaré la guerre à la France. Les dangers de mon pays me firent trembler, mais j'étais tranquille sur sa gloire. L'issue de cette lutte inégale ne saurait la ternir, Lacédémone vit-elle pâlir la sienne au combat des Thermopyles ?

Je ne pus toutefois entendre sans douleur que les soldats de l'Europe liguée contre ses vainqueurs, venaient de passer le Rhin; je n'avais appris aucune nouvelle depuis celle de la bataille de Bautzen, et cette suite rapide de revers vint à la fois à ma connaissance. Hélas ! dans l'espace d'une année, nos drapeaux avaient été transportés des bords de la Moskowa jusqu'au sein même de la France, et cependant notre valeur s'était toujours montrée la même.

Pendant ma longue captivité j'avais constamment ignoré le sort de nos armes; mais je me souvenais des combats dont j'avais été le témoin, de ce courage des Français que j'avais si souvent admiré. Je faisais des vœux pour nos succès, et je ne doutais pas qu'ils ne fussent exaucés. Les dernières et si glorieuses nouvelles étaient la base de mes espérances. Je voyais en idée de nouveaux trophées se joindre à nos nombreuses victoires; je croyais qu'il suffirait toujours, pour être vainqueur, de mériter de l'être, et pendant six mois j'ai rêvé le triomphe de nos armées; qu'il fut douloureux le moment du réveil !

Je quittai à regret le toit hospitalier du seigneur Polonais. Je partis du château de Z***. Wierny était impatient de continuer sa route; il approchait du lieu de sa naissance, nous n'avions plus que trois journées de marche pour atteindre son village. Dès l'aurore du troisième jour, je suivais ses pas que le bonheur précipitait. Déjà il avait reconnu un hameau où il était venu dans son enfance; nous n'étions plus qu'à six lieues de la maison de son père. Je partageais la joie toujours croissante de mon compagnon. Enfin nous aperçûmes au loin quelques tours dont les murs éclatans de blancheur surmontés de toits verts et de boules dorées, nous annonçaient un couvent. Wierny me les montra avec transport, son village était au pied du monastère. Je doublai le pas pour céder à son impatience. Quand viendra-t-il, me demandais-je, le jour où j'apercevrai ma ville natale ?

Bientôt nous approchâmes du village, et Wierny me fit voir la maison de son père ; il y courut, me devança, et je n'arrivai que pour être témoin de la joie de ses parens.

Le père de Wierny me reçut avec cette cordialité qui distingue les militaires polonais ; il avait autrefois servi pendant les guerres de la révolution de son pays, il parlait allemand, et s'entretint avec moi des malheurs de la campagne de Moskou ; il me pria de rester quelque temps chez lui. Mais j'étais impatient de continuer ma route ; j'accordai pourtant un jour aux instances de Wierny. Le surlendemain, au lever du soleil, après avoir pris congé du vieux soldat de Kocziusko, je recommençai ce long voyage que je devais continuer seul et sans appui.

Wierny avait voulu m'accompagner à quelques lieues de son village. Lorsque nous fûmes arrivés à l'endroit où il devait me quitter, j'embrassai encore une fois mon brave compagnon, ce dernier ami dont il fallait aussi me séparer. Je l'embrassai les larmes aux yeux, puis je m'éloignai en suivant la route qu'il m'indiquait.

Souvent je me retournai pour le regarder encore ; il était resté immobile à l'endroit d'où j'étais parti. De loin nous nous disions, par signes, de derniers adieux en témoignage des vœux que nous faisions pour le bonheur l'un de l'autre. Bientôt je ne l'aperçus plus que dans le vague de l'éloignement, puis il disparut tout-à-fait, je me trouvai seul sur la route et je continuai à marcher, triste, pensif, et réduit à mes propres forces.

Je comparais cette marche solitaire à celle où je suivais notre malheureuse armée. Du moins aujourd'hui j'étais seul à souffrir, et j'étais moins à plaindre qu'alors.

Je marchais tout le jour; vers le soir lorsque j'apercevais la fumée des villages polonais s'élever au-dessus des bois qui les entourent, je m'approchais d'un pas timide, incertain si je devais m'exposer à demander un asile; craignant d'être arrêté, et de perdre en un jour le fruit de mes longues peines. Je me cachais dans les bois en attendant la nuit. Quand le silence et les ténèbres régnaient autour de moi, je m'approchais en tremblant d'une maison isolée, j'écoutais si l'on y parlait polonais (*). J'évitais avec soin de m'adresser à des familles juives.

(*) Les Juifs de Pologne parlent allemand.

Lorsque j'étais sûr de ne trouver que des paysans, j'entr'ouvrais la porte de la chaumière, et me servant de quelques mots polonais que Wierny m'avait appris. « Bons alliés, disais-je, secourez » un pauvre Français ».

Les paysans s'approchaient de moi; ils me donnaient tous les témoignages de la compassion et de l'amitié. Je trouvais chez eux les secours que leur pauvreté leur permettait de me donner; leur maison enfumée me préservait des rigueurs du froid; je partageais leur nourriture grossière, mais offerte de bon cœur; et, dès le matin avant le jour, le paysan lui-même, ou l'un de ses enfans, me reconduisait sur la route à quelque distance de la maison.

Depuis huit jours je voyage ainsi. Aujourd'hui je me suis arrêté dans un moulin dont le maître parle allemand; il m'a donné d'utiles avis; j'ai appris de lui que demain si je suivais la grande route, je courrais le risque de rencontrer un régiment de Cosaques, qui a séjourné à la ville voisine, et qui marche pour rejoindre l'armée. Il m'a indiqué un sentier qui s'écarte peu du grand chemin, et que je puis suivre sans crainte. Le bon paysan m'a donné du pain pour l'emporter. Il a aussi remplacé ma chaussure délabrée, par des lanières d'écorce, dont il a enveloppé mes pieds à la manière du pays. Je ne puis témoigner ma reconnaissance que par mes remercîmens. Je n'ai plus d'argent, et, sans la compassion des habitans, je serais réduit à mourir de faim. Demain je continue ma route; bientôt mes malheurs vont finir, je vais revoir ma patrie. Douce espérance, soutiens mon courage!

Le 2 février.

De l'espérance, je n'en ai plus. Cette fois ce n'est point un faux pressentiment; mon heure est arrivée; le peu de forces qui me reste je veux l'employer à faire mes adieux à ceux que j'aime, à dire encore une fois à ma mère que l'idée de ses chagrins est ma plus grande souffrance. L'espoir qu'un jour elle recevra ce journal, quand il ne restera plus de son fils que le récit de ses tourmens; cet espoir, mon imagination, me le présente encore aujourd'hui comme une illusion qui me console. Le seul vœu que je puisse encore former, c'est que le ciel veuille faire tomber dans les mains de ma famille ces feuilles baignées de mes dernières larmes.

Il y a quatre jours j'ai quitté la maison du paysan qui m'avait si bien accueilli. Depuis cet instant je n'ai pu entrer dans aucune habitation. Le régiment ennemi, qui marche sur la grande route, occupe chaque soir tous les villages. Avant-hier je me suis arrêté dans un bois ; j'espérais que ceux, dont je crains la rencontre, gagneraient une journée sur moi ; mais d'autres détachemens suivent le premier, et je n'ose m'adresser à aucune chaumière.

Il ne me restait qu'un peu de pain noir que le paysan m'avait donné en partant ; dès le premier jour cette faible ressource a été épuisée. Depuis avant-hier matin la faim et la fatigue se réunissent pour m'accabler. J'ai marché beaucoup hier ; aujourd'hui je me suis encore traîné pendant quelques lieues ; j'ai passé deux nuits enveloppé dans mes fourrures, sans autre abri que celui des forêts effeuillées ; ce matin en m'éveillant, j'étais couvert de neige. Que n'y suis-je resté enseveli ! je ne souffrirais plus.

C'est assez montrer de courage, je n'ai pas à me reprocher d'avoir manqué de fermeté ; je n'ai plus qu'à me résigner à mon sort.

J'écris auprès d'un feu que les Cosaques avaient allumé ce matin, pendant une halte. L'abri de paille qu'ils ont élevé, et la flamme des tisons, que j'ai rassemblés, me permettent de tracer quelques lignes au crayon.

J'entends la voix d'un cavalier égaré dans la plaine, et qui appelle ses compagnons. Il est encore bien loin de moi; mais probablement il va se diriger vers ce feu qui ranime mes membres engourdis. Il faut donc quitter aussi ce dernier refuge.... J'aperçois quelques autres feux à l'horizon. Les soldats ennemis les auront allumés près des maisons où ils sont logés. J'entends retentir dans la nuit les cris lointains des ennemis de ma patrie.... je ne puis me résoudre à me jeter dans leurs mains; je serais ramené en Russie; mes misères recommenceraient; plutôt mourir..... Adieu, ma mère, adieu, ma chère Adélaïde ! du fond de la solitude j'élève encore ma voix qui, dans quelques heures, ne pourra plus se faire entendre. Je ressens déjà les derniers tourmens de la faim et le frisson glacé du trépas. Mes forces m'abandonnent ; je sens la mort s'aprocher !

Aniéla ! ô toi dont le souvenir m'occupe sans cesse, sois l'objet de ma dernière pensée. Hélas ! nous étions nés bien loin l'un de l'autre ; le sort avait semblé vouloir nous réunir, et maintenant l'éternité nous sépare. Mais, non, je ne veux point rejeter les consolations que m'offre ma religion. O mon amie, tu as quitté cette terre ; mais c'est au ciel que nous devons nous retrouver. Du séjour où tes vertus t'ont placée, tu es témoin des souffrances de ton amant. Prie pour sa délivrance ; l'instant de sa mort sera celui de notre réunion.

Je cesse d'écrire ; je vais quitter, en chancelant, ce feu près duquel je me suis traîné ; la voix du soldat égaré se raproche de moi..... Je pars ; la faible clarté de la lune m'indique le chemin que je dois suivre..... j'aperçois une sombre forêt, c'est là que je vais me retirer et mourir..... Ma mère, ma sœur, Aniéla, adieu, adieu !

Le 8 février 1814.

Le ciel m'a sauvé. Pardon, ma mère; pardon de la douleur que vous causera la lecture des pages précédentes. Maintenant j'ai la certitude que vous recevrez mon journal, j'ai l'espoir de vous revoir un jour. Puissiez-vous être consolée des souffrances qui m'ont mis si près de la mort, en pensant que je suis sauvé maintenant, et que bientôt je serai près de vous ! J'ai relu ce que ma main tremblante avait écrit ; j'ai repassé à l'encre ces caractères que le frisson de la mort m'avait fait tracer d'une manière presque illisible. Combien j'ai senti vivement la douleur que cette lecture vous aurait causée, si vous eussiez reçu ce papier après la perte de votre fils ! Je me suis reproché de vous avoir fait partager tous les maux de mon agonie. Ne devais-je pas souffrir seul, plutôt que d'affliger ma mère ? N'aurais-je pas dû sacrifier à cette crainte la consolation de m'adresser à vous dans mes derniers momens ? Je renais à la vie, et j'en remercie le ciel, plus encore pour ma mère que pour moi-même. Au moment où j'ai été sauvé, j'avais déjà souffert tout ce qu'on peut souffrir. Tous les tourmens, toutes les pensées qui précèdent la mort, étaient déjà épuisés pour moi, et la mort elle-même n'était plus qu'un instant que j'attendais. Dieu m'a sauvé, et mes premières actions de grâces ont eu pour objet les chagrins qui étaient épargnés à ma mère.

Au moment où je cessai d'écrire, le soldat égaré s'approchait de plus en plus. Craignant de tomber dans ses mains, je quittai le feu qui avait bien faiblement ranimé mes forces abattues par la faim; et je m'avançai vers ce bois, où je croyais trouver la mort.

J'y pénétrai d'un pas chancelant; en entrant sous ses voûtes obscures, je me crus environné de la nuit du trépas. Mes idées s'affaiblissaient; je sentais naître dans mon âme cette sensation vague d'anéantissement qu'Eugène m'avait dépeinte. Le souvenir confus de tout ce que j'aimais se mêlait avec les objets qui m'entouraient, et se présentait à mes yeux comme un songe pénible. J'errai pendant quelques minutes dans les bois, tâchant de me soutenir en m'appuyant aux troncs des arbres, et me sentant à chaque pas prêt à succomber. J'arrivai à un chemin qui suivait la lisière de la forêt ; une croix de bois était plantée sur le bord de la route ; je me traînai au pied de ce monument de piété ; je crus ne pas devoir choisir d'autre place pour mourir, et je me laissai tomber sur la neige.

Ma faiblesse augmentait ; aux douleurs, que la faim m'avait fait éprouver, succédait un abattement extrême ; je croyais sentir la vie m'abandonner par degrés.

Mes yeux erraient sans but sur les objets environnans. Tout à coup un souvenir s'empare de moi ; ce paysage que la lune éclaire semble ne pas m'être inconnu ; je regarde avec attention ; mes idées deviennent plus claires ; je reconnais tout ce qui m'entoure. Cette colline où je me trouve ; ce lac qui s'étend au pied de la forêt ; ce château, que la faible clarté de la lune me laisse apercevoir, je les reconnais, et je rends grâce au ciel. Je ne suis pas à un demi-quart de lieue d'un asile où je vais trouver du secours. Ce château est celui du comte W***, sur les terres duquel ma compagnie est restée six semaines en cantonnement, avant la campagne de Russie. L'espérance me donne du courage ; le courage me rend mes forces ; je me lève ; un bâton que j'ai ramassé soutient mes pas mal affermis, et je m'avance vers le lieu où l'amitié va me recueillir.

« J'approchais de cet asile si désiré, chaque point de la route me rappelait un temps que je regrettais à tant de titres. Je vis la prairie où chaque matin s'assemblait autrefois ma compagnie ; je donnai quelques larmes à la mémoire de mes braves frères d'armes. Hélas! la guerre les avait moissonnés; je revenais seul; soldats, officiers, tout avait péri ; je me rapelai cette route que je parcourais si souvent à cheval, plein de force et de courage ; et maintenant je revenais de cette guerre, qui tardait tant d'éclater au gré de mon impatience ; j'en revenais seul après avoir vu succomber tous mes amis.

Je touchais aux portes du parc ; je n'avais plus que cent pas pour atteindre celle du château ; mon cœur palpitait de joie en revoyant ce toit hospitalier ; je croyais m'approcher de la maison paternelle ; il me semblait aller au-devant des embrassemens d'une seconde famille; je suis près de la maison ; je passe sous les fenêtres du salon ; je reconnais quelques voix qui, depuis si long-temps n'avaient pas retenti à mon oreille ; je touche au perron, et ma main tremblante a frappé à la porte. Un domestique était venu m'ouvrir ; je demande le comte de P***, et je m'avance dans l'obscurité, vers ce salon dont je n'ai pas oublié les avenues ; toute la famille y était rassemblée ; le comte faisait une lecture ; j'ouvre doucement la porte. Pâle comme une ombre et tremblant comme la feuille, je m'avance dans la chambre, m'appuyant de fauteuil en fauteuil.

On s'était retourné ; on m'avait aperçu ; mais personne ne m'avait reconnu ; mon émotion m'avait d'abord empêché de parler ; mais enfin je me nomme. C'est Alfred ! s'écrie-t-on, et tout le monde accourt auprès de moi ; on m'entoure ; on m'embrasse ; on me prodigue tous les témoignages de l'amitié. Hélas ! il avait fallu me nommer pour qu'on me reconnût. L'élégant habit de hussard était remplacé par les haillons de la misère ; mes yeux étaient éteints ; de longs cheveux tombaient sur mon visage, couvert de la pâleur de la mort. Je ne pouvais suffire à l'excès de ma joie ; j'étais l'objet de celle de tous ; et le père, les enfans me témoignaient à l'envi le bonheur que leur causait mon retour.

J'ai trouvé dans cette famille les soins et la tendresse que j'aurais pu attendre de la mienne. Tout le monde était profondément touché de ce que j'avais souffert : jusqu'au petit Stas, le plus jeune des fils du comte, qui n'avait pas oublié celui qu'il appelait autrefois son frère Alfred, et qui pleurait en voyant mes pieds ensanglantés par une marche longue et pénible.

Ah, ma mère ! nous devons une éternelle reconnaissance à cette famille. La comtesse *** m'a soigné comme vous l'auriez fait ; j'étais bien malade lorsque le ciel me fit trouver le château ; une fièvre violente s'est emparée de moi le même soir ; depuis huit jours j'ai été bien près de la mort ; mais aujourd'hui le danger est passé, je renais à la vie et à l'espérance du bonheur.

Pendant ma maladie j'étais presque toujours dans le délire ; on me dit que j'ai constamment parlé de ma mère, et jamais de mes malheurs. Mon cœur, même dans l'égarement, avait conservé l'habitude de ne penser qu'à vous.

Je me suis éveillé au milieu de mes frères d'adoption ; les fils du comte ont voulu me veiller tour à tour ; maintenant, je sens renaître mes forces, et l'amitié me fait encore goûter plus vivement le bonheur de ma convalescence. Pendant ma maladie un état-major russe a logé ici; mais on m'a fait passer pour le fils de la maison. Combien je dois remercier le ciel ! c'est lui qui m'a fait trouver du secours au moment où j'allais succomber à la faim. Il permet aujourd'hui que quelques jours de bonheur m'aient fait oublier mes longues souffrances. A vingt ans j'ai déjà la triste expérience que la somme des peines est plus grande sur la terre que celle des jouissances. Mais Dieu a voulu que notre cœur, moins sensible à la douleur qu'à la joie, eût le courage de souffrir long-temps, et la faculté de se consoler en peu d'instans. C'est la Providence qui a conduit mes pas vers ce château. Ma délivrance n'est pas le simple effet du hasard : dans la dernière maison où je me suis arrêté, j'avais demandé le nom des villes les plus voisines ; je savais que le château de B*** n'était pas loin de M*** ; mais je ne croyais pas en être si près au moment où j'allais succomber.

Je trouve enfin le moyen de vous envoyer ce Journal. Un homme en qui je place toute ma confiance, vous le fera parvenir. Mon sort l'a intéressé ; il s'est engagé à tout entreprendre pour vous voir ; c'est un officier espagnol qui avait été fait prisonnier pendant la campagne de Moskou ; il a obtenu la permission de rentrer dans sa patrie ; il part demain ; il vous verra dans un mois ; je vais compter les jours pour fêter celui de votre bonheur.

Que ne puis-je suivre le généreux Espagnol ! mais bientôt je vais partir aussi ; le comte P*** doit me donner les moyens de me rendre à Warsovie ; j'y trouverai des ressources pour continuer ma route sans danger. Adieu, ma bonne mère; j'ai écrit une lettre pour que vous fussiez rassurée avant de lire les détails de mes malheurs. L'officier espagnol m'a bien promis de vous remettre ma lettre avant mon Journal. Il part, mes vœux l'accompagneront. Il est digne du dépôt sacré que je lui ai confié ; ma reconnaissance le paye de sa bonne action. Il va rassurer ma famille, mon bonheur est dans ses mains.

Adélaïde de M*** , *à Louise de B.*

Paris, le 8 Mai 1814.

Ma chère Louise, je veux dès ce soir t'apprendre l'heureuse nouvelle ; mon cœur éprouve le besoin de faire partager sa joie à la confidente de ses peines. Nous venons de recevoir des nouvelles d'Alfred. Celui que nous pleurions depuis un an est maintenant hors de dangers. Depuis ce matin je relis ce Journal qu'il nous envoie ; et je ne puis encore me faire à l'idée de mon bonheur. Son écriture, que je connais si bien, j'ai trouvé du plaisir à en comparer chaque caractère avec ceux des lettres que nous avons de lui. J'étais bien sûre que le journal était vraiment de la main de mon frère ; j'aimais à m'appesantir sur cette douce certitude. Louise, tu fus témoin de nos egrets : te figures-tu notre bonheur ? Hélas ! j'ai porté le deuil de mon frère. Cette lettre, que nous reçûmes de son régiment, m'avait ôté le peu d'espoir qui me restait encore de le retrouver. J'ai quitté ce triste vêtement; j'ai trouvé que le temps, fixé par l'usage, s'écoulait bien rapidement; je m'éloignais à regret des jours où mon frère vivait encore. Aujourd'hui nous le retrouvons; mais combien nous avons souffert! Hélas! mon pauvre frère a plus souffert encore.

Les sentimens exprimés dans ce journal auraient suffi pour nous apprendre qui en était l'auteur. Cette tendresse pour nous, dont il est plus parlé que des dangers sans cesse renaissans ; ce caractère vraiment français ; cette fermeté qui met mon frère si au-dessus de son âge, tout nous le faisait reconnaître : chaque page peint une qualité de son cœur. En lisant le passage où Alfred donne son cheval à un pauvre blessé, ma mère disait : « Oh! » oui, c'est bien mon fils, ce trait est digne de lui ». Son arrivée à Wilna; cette attention touchante pour un officier malade, que la vue de la ville devait consoler ; ce courage qui fait voler Alfred au secours des Français attaqués par des Juifs... Mais je te parle, ma chère Louise, de faits que tu ignores encore ; j'oublie que tu n'as pas lu ce Journal qui fait ma joie. Je vais tâcher de te faire, avec suite, le récit des plus doux momens de ma vie, de ceux où l'espoir de revoir mon frère s'est réveillé dans mon âme, que depuis si long-temps les plus douloureux regrets occupaient toute entière.

J'étais depuis avant-hier au château de mon oncle ; ce matin je me promenais avec lui sur la route de Paris. Nous parlions de l'objet de nos plus chers souvenirs ; mon oncle me disait qu'il avait perdu dans Alfred ce qu'il aimait le mieux au monde. C'est avec moi qu'il trouve le plus de consolations à s'entretenir de celui que nous regrettons.

Nous étions livrés aux plus tristes pensées. En regardant sur la route, j'aperçus dans le lointain un cavalier qui accourait au galop ; j'y fis d'abord peu d'attention, mais bientôt ayant reconnu Thierry, cette course précipitée fit naître en moi mille sensations. Je ne sais si c'était l'effet d'un pressentiment, mais mon cœur battait violemment.

Thierry était impatient de nous apprendre la nouvelle, de loin il agitait son chapeau en signe de joie; je n'osais me livrer à aucune espérance, j'attendais avec un trouble inexprimable la fin de mon incertitude.

Je marchais au-devant de Thierry; tout à coup je lui entends prononcer le nom de mon frère, et je ne sais comment j'ai pu supporter tous les sentimens qui vinrent m'assaillir à la fois. Les espérances que je m'étais données quelquefois, les regrets de toute une année; toutes les pensées de douleur et de consolation, qui m'avaient occupée depuis ce temps, se réunirent en une seule en entendant prononcer ce nom. Le plus doux espoir mêlé de quelques craintes, s'empara de mon cœur jusqu'au moment où l'arrivée de Thierry y fit succéder une joie vive et sans mélange. « Monsieur Alfred revient », nous criait-il en approchant, il tenait une lettre de ma mère ; il n'avait mis qu'une demi-heure pour venir de Paris. Ma mère nous écrivait de nous rendre auprès d'elle ; nous relisions sa lettre, mon oncle ne pouvait en croire ses yeux. La joie nous troublait tellement tous les deux que ce fut Thierry qui demanda la voiture.

Nous partîmes pour Paris. Ah ! qu'il me tardait d'y être ! Enfin nous sommes arrivés chez ma mère, Aniéla est venue au-devant de moi ; avec quelle tendresse je l'ai embrassée ! Depuis ce matin, nous n'avons parlé que de mon frère, et la journée entière n'a pas suffi à l'expansion de notre joie..

Nous nous sommes séparés fort tard, il est deux heures et je veille encore pour t'écrire, il me serait impossible de dormir ; mais aujourd'hui de bien douces pensées troubleraient mon sommeil. J'aperçois encore de la lumière dans la chambre de ma mère et dans celle d'Aniéla; comme moi, elles ont besoin de se livrer dans la solitude au souvenir de celui qui nous est rendu. Quelle jouissance pour moi de penser que tout ce qui m'entoure est heureux maintenant!

Le 9 mai au matin.

Une nouvelle joie m'attendait à mon réveil. Nous venons de recevoir une lettre de mon frère; son journal nous était venu de Lyon par une occasion. L'officier espagnol, ne pouvant venir à Paris, avait du moins voulu suivre les intentions de mon frère, et ne nous faire parvenir le journal qu'après la lettre. Il l'avait mise à la poste, mais le hasard l'avait retardée. Combien nous savons gré à Alfred de son attention délicate! il craignait que le récit de ses périls n'effrayât ma mère, et il voulait la rassurer. Dans cette dernière lettre, mon frère avait encore bien des inquiétudes. Quel bonheur pour nous de pouvoir les faire cesser! Ma mère vient de lui écrire; elle vient d'écrire aussi à la princesse Wladimir de L***, à laquelle mon frère doit tant de reconnaissance.

Alfred de M***, à sa mère.

Au château de B***, le 3 mars 1814.

Ma mère, je puis donc enfin espérer que votre douleur va cesser. J'ai donc enfin presque la certitude que vous recevrez cette lettre, et je suis consolé de tout ce que j'ai souffert. Ne me plaignez plus maintenant, je suis heureux puisque vous êtes rassurée. Lorsque vous lirez les détails de mes infortunes, ne temblez pas pour votre fils. Dieu soit loué, ce temps est passé. J'ai supporté tout avec résignation, et maintenant je n'ai plus de dangers à courir. Je suis chez le comte W*** dans ce même château d'où je vous ai écrit plusieurs fois avant la campagne de Moskou. L'officier qui m'a promis de vous faire remettre ma lettre, est un Espagnol qui avait été fait prisonnier pendant la campagne de Russie, et qui vient d'obtenir la permission d'essayer de rentrer en Espagne; il se rend à l'armée des alliés. Mon sort l'a intéressé, il m'a assuré qu'il vous ferait parvenir cette lettre et mon journal. Je me console en pensant que vous lirez l'une avant l'autre, et que vous serez tranquille sur mon état actuel, avant d'apprendre la longue suite de dangers auxquels j'ai été exposé depuis le moment où je quittai Aniéla.

Mon journal commence à cette époque. Les premières pages ne contiennent que les plus tristes pressentimens : dans les premiers temps de ma captivité, je n'avais en effet d'autre pensée que celle d'une mort prochaine. Pardonnez-moi, ma bonne mère, de présenter à vos yeux la peinture, un peu trop vraie peut-être, des maux que j'ai soufferts. En suivant mon récit, vous passerez avec moi par toutes les alternatives de de l'espérance et du désespoir. Mais, comme moi, vous n'en jouirez que davantage de mon heureuse délivrance.

O ma mère ! quel bonheur pour moi de m'adresser à vous, après être resté deux ans à gémir seul si loin de ma patrie ! Il est encore un nom qu'il me serait bien doux de pouvoir invoquer; mais, hélas ! dois-je me flatter d'un espoir peut-être mensonger ? Aniéla est-elle près de vous, ma mère ? Quelle inquiétude va se mêler à ma joie lorsque j'approcherai de vous ! quelle funeste nouvelle m'y attend peut-être ! Bientôt, je l'espère, j'aurai franchi la distance qui nous sépare encore. Quand vous recevrez ce journal, je me serai rapproché de vous ; lisez-le donc sans crainte, maintenant tous mes maux sont passés.

Qu'il me tarde de partir ! qu'il sera doux le moment où je vous reverrai ! Hélas ! pourquoi faut-il que cet espoir soit empoisonné par l'idée que la guerre désole encore notre malheureuse France ? Je vais être forcé de me cacher en traversant ma patrie ; les ennemis de mon pays me séparent encore de vous, et c'est en fugitif que j'arriverai dans ma famille.

Ah! ma mère! faisons des vœux pour la France, il n'est pas de bonheur pour moi si je ne la vois heureuse. Seuls contre tant d'ennemis, les Français en se surpassant même, s'il est possible, ne sauraient résister; les efforts humains seraient insuffisans : Dieu seul peut sauver la France!

Je pars pour Varsovie; le comte P*** me recevra et me donnera les moyens de retourner près de vous. Je me déguiserai pour traverser l'Allemagne; quand vous recevrez cette lettre, je serai déjà peut-être en France. L'officier espagnol me précède d'un mois, je suis encore trop faible pour me mettre en route; ne vous alarmez donc pas si je n'arrive que bien long-temps après cette lettre.

Ma bonne mère, je n'ose me livrer sans réserve au bonheur. Hélas! après une si longue absence, ce n'est qu'en tremblant que j'aborderai une famille nombreuse. Depuis quinze mois, il ne me reste de vous que mes souvenirs et mes inquiétudes. Pendant ma captivité, j'aurais payé chaque ligne de votre main d'une année de ma vie. Il faudra arriver à Paris avec la plus cruelle incertitude. Ah ! si je pouvais recevoir une seule lettre de vous sur mon passage!

Si j'ai quelqu'un à regretter, du moins ce ne serait pas à notre première entrevue que j'apprendrais une triste nouvelle. Si Aniéla n'est pas auprès de vous? Hélas ! s'il faut bannir le plus doux espoir de ma vie, je tâcherai de paraître consolé en arrivant. Le bonheur de ma famille ne serait pas troublé par mes regrets, je les renfermerai dans mon sein, et je ne verserai que des larmes de joie en embrassant ma mère.

Et si quelqu'autre malheur que je redoute sans le prévoir, si quelqu'autre perte douloureuse.... Ah ! je n'ose approfondir cette triste pensée. Ma mère,

Adélaïde, vous tous qui m'êtes si chers, je vous écris, je vous écrirai encore plusieurs fois de la route; mais, hélas! je ne pourrai recevoir de réponse. Je me figure le jour où j'arriverai à Paris, le moment où j'entrerai dans votre rue, celui où j'apercevrai votre maison. Avec quelle crainte je m'approcherai de ces lieux si chers à mon cœur! Avec quelles angoisses je me présenterai devant notre vieux portier! — Cruels effets d'une longue absence! cet instant de mon arrivée, je le redoute autant que je le désire.

Madame de M***, à Alfred.

Mon cher fils, Aniéla est auprès de moi, et tu n'as personne de nous à regretter. Ah! mon ami, combien tes inquiétudes m'ont touchée! J'ai voulu commencer ma lettre en les dissipant; je ne sais que trop combien ce sentiment est pénible. Mon cher fils, mon cher Alfred, quel charme je trouve à prononcer ton nom, aujourd'hui que je sais que tu l'entendras! Hélas! depuis un an, il n'était sorti de ma bouche qu'au milieu de mes plaintes, et dans mes prières. Depuis un an que je croyais t'avoir perdu, je n'ai pas cherché à me consoler, je n'ai pas désiré écarter un souvenir douloureux. Je n'ai pas un instant cessé de penser à mon fils; aujourd'hui que je le retrouve, j'ai conservé la douce habitude de m'en occuper toujours; ma tendresse remplacera dans mon cœur les regrets qui ne l'ont jamais quitté. Depuis trois jours que j'ai la certitude de ton existence, je n'ai pu encore me faire à l'idée de mon bonheur. J'ai relu vingt fois ton journal, mon cher Alfred; tes larmes et les miennes y auront coulé.

Je t'adresse cette lettre chez le comte de P***, elle va dissiper tes dernières craintes. Reviens, mon cher Alfred, reviens auprès de nous. Aniéla est avec moi, je l'aime comme ma fille, elle mérite bien toute ta tendresse ; cette union, qui doit vous rendre heureux, comblera tous les vœux de votre mère. Une autre nouvelle doit encore ajouter à ta joie, je viens de recevoir une lettre de madame de C***; Eugène, son fils, vient d'écrire de Vienne. Le jour où il fut séparé de toi, il tomba entre les mains des Russes. Il a été conduit en Hongrie, à la demande du prince d'E***. La paix qui vient de se conclure lui permet de revenir en France; il arrivera dans quelques jours à Compiègne. J'ai voulu me hâter de te rassurer sur le sort de ton ami; le ciel semble vouloir qu'il ne manque rien à ton bonheur qui fait le mien.

Ne retarde pas d'un instant celui de ton arrivée par le désir de me préparer à une trop vive émotion. Mon cœur, courageux dans la peine, le sera encore pour supporter la joie; ce moment sera trop impatiemment attendu pour me surprendre. A chaque instant du jour, il me semble déjà entendre ta voix; en te voyant paraître, la réalité me rendra heureuse sans me causer une funeste émotion. Viens donc, mon cher fils, tu dois sentir comme moi que l'impatience du bonheur est un véritable tourment.

Alfred, à sa mère.

Warsovie, le 29 avril 1814.

Ma mère, je viens de recevoir votre lettre. Tous mes vœux sont exaucés; toutes mes craintes sont dissipées; j'étais donc destiné à connaître la peine et le bonheur à leurs plus hauts degrés.

Je suis arrivé depuis quelques jours dans cette ville; un ami de M. W*** m'avait amené dans sa voiture en me faisant passer pour son fils. Lors de mon départ j'étais encore obligé de me cacher pour voyager. Ici j'ai appris les nouvelles qui me permettent de regagner la France sans déguisement. J'ai quitté la famille W***, pénétré de la plus vive reconnaissance. Je viens d'écrire au comte, je n'oublierai jamais ce qu'il a fait pour moi.

J'ai revu à Warsovie vos connaissances et les miennes; on m'a montré la maison de la *Dluga Alica* où nous demeurions pendant l'émigration. Le comte P***, que j'avais vu ici à mon passage, avant la campagne de Russie, a voulu que je logeasse chez lui. J'ai été hier à la Blacha (*); mais en voyant ce palais où tant de mes compatriotes ont reçu un si aimable accueil, j'ai donné de nouveaux regrets à un prince que tout Français doit aimer, que tout militaire doit admirer.

Mon séjour dans cette ville fait un étrange contraste avec la vie que je menais il y a un mois. Je passe subitement et sans gradations, d'un état de souffrances et de privations, aux agrémens d'une des plus aimables villes d'Europe. Tout le monde est d'accord sur les Polonais et sur Warsovie. On peut remarquer combien le caractère des femmes d'une nation influe sur celui des hommes. Les peuples les plus guerriers sont ceux où les femmes méritent davantage qu'on cherche à leur plaire. Que serait la gloire

_____

(*) Palais du prince Joseph Poniatowski.

sans cette récompense ? Où les femmes sont aimables, les hommes sont preux et vaillans; la bravoure des Polonais, et les charmes des Françaises sont une double preuve de cette influence d'un sexe sur l'autre.

Puissiez-vous remarquer, ma bonne mère, que mes pensées portent l'empreinte du bonheur qui renaît pour moi. Oh! oui, je suis heureux maintenant. Je vais bientôt vous revoir, Aniéla est près de vous; le sort de ma chère patrie ne m'alarme plus, le retour de nos rois assure sa félicité. Quelle plus consolante fin pouvait avoir cette lutte inégale et sanglante ? Il y a deux mois, si le destin eût été dans mes mains, mon cœur, dont le premier sentiment est mon amour pour ma patrie, n'eût pu désirer que ce qui vient d'arriver. Nos vœux ont été exaucés en même temps que notre honneur a été satisfait, lorsque notre roi est venu nous apporter la paix, et que nous avons pu dire que c'était à lui seul que nos armes avaient cédé. Reposons-nous sur nos glorieux souvenirs. Quel est le peuple dont les annales contiennent les noms d'un plus grand nombre de victoires? Rendons grâce au ciel, faisons des vœux pour notre roi, et conservons cette fierté nationale qui n'a pas cessé d'être légitime.

~~~~~~~~~~~~~~~~~~

Alfred avait écrit quelques lignes de la route. Il avait déterminé le jour de son arrivée. On l'avait attendu jusqu'au soir. Toute la famille était rassemblée chez madame de M***; on prêtait l'oreille au bruit de chaque voiture qui passait, et l'on s'attristait lorsqu'il s'éloignait.

Des chevaux au galop se font entendre dans le lointain..... Aniéla prend la main d'Adelaïde. — On écoute. — Le bruit se rapproche. — Un fouet de poste résonne dans la cour de l'hôtel, tout le monde s'est levé. — La porte s'ouvre, Alfred est dans les bras de sa mère.

F I N.

NOTES.

(1) On a beaucoup exagéré les torts des Français pendant leur séjour à Moskou. En Russie, les dernières classes du peuple sont encore persuadées que les Français ont mis le feu à la ville. Mais l'Europe sait aujourd'hui le contraire. Loin de provoquer l'incendie, les Français ont constamment cherché à en arrêter les progrès. Les Russes avaient fait enlever de Moskou toutes les pompes, et la flamme éclatait sur tant de points à la fois qu'il est devenu impossible de s'y opposer. Au milieu de cette ville déserte, livrée à une armée victorieuse, il peut s'être commis des excès; mais nos soldats sont restés étrangers au crime, on en a vu même s'ériger en protecteurs des malheureux habitans restés à Moskou.

(2) Il faudra bien des années pour que cette malheureuse ville redevienne ce qu'elle était. Au mois d'août 1814, une grande partie de Moskou n'avait pas été rebâtie. La route, jusqu'au Niémen, se ressentait encore des ravages de la guerre. Smolensk n'était encore qu'un amas de décombres. On voyait même sur les chemins des pièces de canon abandonnées pendant la guerre.

(3) On a prétendu que le Kremlin avait été repris d'assaut par les Russes, il n'a jamais été attaqué. Après

le départ de l'armée pour Kaluga, des partis de cavalerie ennemie se sont répandus dans la ville où nous n'avions laissé que quelques postes. Le corps de la jeune garde resté le dernier à Moskou, a quitté le Kremlin dans la nuit du 22 au 23 octobre, et l'ennemi n'est entré dans cette forteresse qu'après le départ des Français.

Le général Winzingerode a été fait prisonnier dans une rue voisine du Kremlin par un jeune lieutenant, nommé le Leu de Maupertuis, cet officier commandait un poste du 5e. régiment de voltigeurs de la jeune garde. Le général s'étant avancé avec un aide-de-camp et quelques cavaliers, se trouva tout à coup en face du poste. Les voltigeurs saisirent la bride des chevaux, et le général et son aide-de-camp furent faits prisonniers.

(4) Cette terrible explosion n'a produit que peu d'effet sur le Kremlin, une partie seulement s'est écroulée.

(5) Plusieurs officiers que l'on croyait morts se sont ainsi retrouvés. Les effets du froid étaient sans remède. Mais ceux que le besoin seul faisait tomber ont été sauvés par les soins des prisonniers. Quelques-uns même ont dû leur vie aux soldats ennemis qui les ont trouvés.

(6) Les prisonniers étaient réunis en convois dont le conducteur changeait toutes les fois qu'ils entraient dans la principale ville d'un gouvernement. Ce qui ajoutait à la tristesse de leur long voyage était l'incertitude sur le lieu qui leur était destiné comme résidence définitive, il en est qui ont été en route une année entière; la fatigue, le besoin et ce voyage qui les éloignait chaque jour lentement, leur faisaient désirer d'arriver au triste but de leur pèlerinage. Hélas! beaucoup sont arrivés aux extrémités de l'Europe, exténués, abattus par le chagrin, et sont morts dans un pays où ils n'ont trouvé ni secours, ni consolations. Le gouvernement russe, et surtout l'empereur Alexandre, ne sont pas coupables des mauvais traitemens dont tant de prisonniers ont été victimes. Dans des pays aussi vastes, l'autorité se divise entre mille individus presqu'indépendans les uns des autres, et les réclamations sont vaines dans ces déserts où personne ne les entend; souvent des conducteurs avides et grossiers, méconnaissant le respect que l'on doit au malheur, et violant les lois de l'honneur et de l'humanité, spéculaient sans honte sur la modique paye accordée aux prisonniers. Heureusement tous n'agissaient pas ainsi : quelques-uns sentaient les devoirs que leur imposait le triste dépôt qui leur était confié. Ils s'intéressaient à ces malheureux Français

qui, livrés à la plus grande des infortunes, conservaient encore cette gaieté nationale qui ne s'éteint pas même avec l'espérance; souvent dans des villages, où les convois arrivaient de bonne heure en été, la curiosité attirait une foule de paysans; à cette curiosité succédait bientôt l'intérêt que le malheur inspire; les femmes qui ont plus naturellement l'instinct de la bonté, se groupaient peu à peu autour des captifs. Elles figuraient devant eux, avec plaisir, les danses de leur pays; elles auraient désiré leur voir partager leur gaieté. Quelques prisonniers avaient appris quelques mots russes, ceux-là étaient fêtés. Ces pauvres gens semblaient étonnés et flattés que l'on eût appris leur langage; on leur avait peint les Français sous des couleurs affreuses; ils étaient surpris de leur voir un extérieur comme le leur; on les leur avait dit cruels, ils étaient étonnés de ne voir sur leur visage que l'empreinte du malheur et de la résignation.

Quelques seigneurs accueillaient les convois de prisonniers quand ils passaient sur leurs domaines, ils offraient leur table aux officiers; mais beaucoup oubliaient que le premier devoir de l'hospitalité est de respecter les opinions de celui qui la reçoit. Les interminables discussions politiques rendaient souvent ces rencontres désagréables, aussi les officiers prisonniers ont fini par les éviter: le pain de l'hospitalité est amer, quand celui qui le donne ne joint pas la délicatesse à l'humanité.

(7) Casan est regardé comme la troisième ville de Russie, elle est habitée par des Russes et des Tartares; elle a été la capitale d'un royaume de ce nom; elle est située sur la rive orientale du Volga. Le nombre des habitans tartares y est bien inférieur à celui des russes. Ceux-ci occupent tout l'intérieur de la ville, les Tartares sont relégués dans un faubourg; il existe entre ces deux nations une haine héréditaire et violente, rarement ils se rencontrent sans s'insulter: les Tartares sont ingénieux et commerçans, et font à Casan, et dans d'autres villes de Russie, le trafic que font les Juifs et les Arméniens dans d'autres pays. Ils sont mahométans, mais ne portent le turban que quand ils vont à la mosquée, le reste du temps ils ont sur la tête une petite calotte plus ou moins ornée; ils ont plusieurs femmes qui sont à peu près leurs esclaves, et qui ne se montrent jamais que couvertes d'un voile d'étoffe épaisse, à moins qu'elles ne soient tout-à-fait vieilles et de la denière classe. Au commencement de la belle saison ils ont des jours de fêtes, et se rassemblent dans une petite plaine aux environs de Casan, et s'exercent à des jeux qui leur sont particuliers, et qui rappellent, d'une manière grossière, les jeux de l'antiquité: ce sont des

12*

courses à pied et à cheval, ou des luttes ; un des principaux d'entre eux préside à tous les exercices, et juge les différens, comme il décerne aussi les récompenses, qui sont ordinairement quelque pièce de cuivre, un mouchoir, une ceinture, etc. Les Tartares sont généralement grands et robustes, et leur figure a un caractère tout particulier.

La situation de Casan est pittoresque ; le Volga, le plus grand fleuve d'Europe, coule à une demi-lieue de la ville, et la Casanka, autre rivière assez considérable, s'y jette tout près de là ; quand le Volga se déborde, ce qui arrive tous les ans à la fonte des neiges, il vient baigner le pied des faubourgs qui sont alors presqu'impraticables par la quantité de boue qui couvre les rues.

Casan ressemble à presque toutes les autres villes de Russie ; quelques maisons s'y font remarquer par leur élégance, au milieu des cabanes de bois qui les entourent, le manque absolu de pierres rend leur construction peu solide ; la ville est coupée par des ravins, et rien ne régularise les pentes de terres et les escarpemens naturels du terrain ; les rues de Casan ne sont pas pavées, ni même couvertes de ces planches que l'on voit placées en travers des rues, dans d'autres villes de Russie : depuis que le fameux révolté Pugatchef réduisit une partie de la ville en cendres, cette espèce de plancher qu'avait détruit l'incendie n'a point été renouvelé; c'est dans cette ville que fut arrêté ce rebelle, qui s'était déjà fait un parti nombreux. Les habitans de Casan s'étaient réfugiés au Kremlin de la ville : les troupes de l'impératrice les délivrèrent au moment où Pugatchef voulait s'en emparer. Il fut pris, et eut la tête tranchée. On se souvient encore à Casan de l'effroi qu'inspira ce Cosaque révolté.

(8) A Casan, les prisonniers français ont trouvé des ressources; la société de Casan a des droits à leur reconnaissance; c'est à la bonté de M. de Mansouroff, gouverneur de cette ville, qu'ils ont dû des adoucissemens aux chagrins inséparables de la captivité. Sa maison était ouverte à tous les officiers prisonniers, et jamais on ne leur y a témoigné que des égards, et cette bienveillance délicate qui console sans humilier. Aussi les Français ont remporté le souvenir ineffaçable de l'accueil qu'ils ont reçu dans cette ville, et n'oublieront jamais qu'aux extrémités de l'Europe, et dans un pays alors en guerre avec le leur, ils ont trouvé des amis et des consolations.

www.ingramcontent.com/pod-product-compliance
Lightning Source LLC
Chambersburg PA
CBHW050637170426
43200CB00008B/1049